活出你的不煩人生

讓心變強大的煩惱清理術

午堂登紀雄——著
林于楟——譯

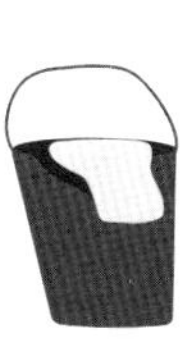

自分なりの解決法が見つかる
前向きに悩む力

前言　光只是煩惱無法讓你的心變強

劈頭就說這種話很抱歉，但我要說，我沒有煩惱。我完全不覺得社會令人窒息或人生活得很辛苦。對我來說，人生很輕鬆，未來充滿一片光明，每天都開心生活。我覺得現在是非常美好的時代。

雖是這樣說，我當然也並非生來便是不知煩惱為何物，過去也和大家一樣有許多煩惱，舉例來說，回想起過去的煩惱就有這些：

- 國中時，滿臉青春痘讓我很自卑。
- 國中是排球隊隊長，每天都在煩惱到底該怎樣才能讓隊員認真練習。
- 升學時與父親意見相左，到離家讀書前，我和父親的關係很緊張。
- 曾經五次被女生甩了而自暴自棄。
- 覺得大學很無聊不想去上課，連學費也沒繳差點被退學。
- 原本想考日本公認會計師，但在考試前夕遇到挫折沒有考上。

- 大學畢業時還沒有找到工作，當了半年飛特族。
- 在第一家公司遇到職權騷擾，差點得憂鬱症。
- 幾乎等同開除地自行離開這家公司。
- 曾經把職場人際關係（晚輩或上司）搞差過。
- 曾經離婚。
- 曾經被告上法庭，也曾把人告上法庭。
- 創業的公司中，有三家因為業績不佳或董事間的衝突而關閉。
- 面臨員工集體辭職，對沒有經營者器量的自己感到相當慚愧。
- 經營的公司資金周轉惡化，做好關閉的覺悟。
- 遭信任的下屬背叛，公司就這樣四分五裂。
- 與股東因為事業方針意見不合起衝突。
- 被國稅局查稅，補繳了五百萬日圓以上的稅。
- 再婚後生下的小孩有發展障礙。

我曾經歷許多人會說出「這也太慘了吧」的遭遇，我是在四十歲左右、有一點年紀後，才達到本文開頭提到的境界。而現在，面對日常生活中碰到的事情、狀況，我幾乎感覺「根本不需要煩惱」、「不覺得是個煩惱」。接著我試著思考，現在的我為什麼沒有煩惱呢？

有了知識、經驗與經濟能力當然是原因之一，但我認為還有兩大理由，那就是：

- **即使面對需要煩惱的狀況，也將其當成一個課題並進一步解決。**
- **變得能自由自在控制自己接受事物的方法。**

煩惱也有意義

但反過來說，「完全不煩惱最好」，我認為這不見得正確，因為確實有些事「不經一番煩惱折磨，哪得自己認同之結果」。舉例來說，「我思考了很多，但果然還是這樣最好」的認同感，是經過某種程度的苦惱後才會抵達的境界，如果不曾煩惱就無法獲得吧。

說起我自己，我在某天突然發現「雖然為了想擴大公司規模而做了許多努力，但覺得自己似乎還是適合單打獨鬥」，在那之後我就沒有任何迷惘，即使面臨擴大事業的局面，我也毫不猶豫選擇「不增聘員工而是外包」、「利用自動化系統」等選項。就這層意義來看，或許可說**「適度煩惱找到結論的過程，是個拂拭迷惘、讓自己勇往直前的暖身運動」**吧。

除此之外，**人類還有各式各樣的情緒，這些也肯定都有其意義**。舉例來說，「不安」就是一種察覺危機的能力，如果沒有不安，就有毫無戒心隨意走進草叢中被蛇等動物咬傷的風險。也就是說，不安是動物為了保護生命的一種生存本能，是存活不可或缺的能力。

與之相同，我認為**煩惱應該也有著「上進心」、「成長欲望」**這類的意義。正因為有「我想要變成那樣」、「希望可以這樣」的成長欲望，才會對尚未達成理想的自己煩惱。

而不管是正面情緒或負面情緒，我們人類是在體驗了喜悅及悲傷、忌妒與自卑、成就感與感動等各種不同感情之中，形成多重複雜的「自己」。

如果不曾經驗受傷、悲傷、煩惱等情緒，就會讓自己的心理素質在這方面變得脆弱、偏差失衡，成為自己的弱點。接著在面臨暴露出自己弱點的場面時，可能會因此不知所措、沮喪、思考能力降低而無法做出適當的判斷，讓自己陷入不利的狀況中。

另一方面，只要經驗過人類擁有的各種感情，並且加以適當處理、克服難關後，精神也會隨之成熟。在這樣的經驗累積下，就能養成不為一點小事所動的堅韌心靈。即使遇到逆境或感到絕望的局面，也不會輕易陷入混亂、受挫、自暴自棄，而能夠冷靜面對。

所以多愁善感的十幾歲時代是煩惱最多的時期，也是因為有其必要才會如此吧。在這個時期，不僅身體成長，心靈也因此跟著成長。從這層意義來看，煩惱經驗本身並非壞事。

拋開只是不停打轉的糟糕煩惱

我認為需要「正確煩惱」、「開心煩惱」。

糟糕的煩惱，會讓視野變得狹隘，缺乏靈活度、思緒陷入死胡同且失去創造力，不僅看不見選項，甚至想不到可以找誰商量。一直被煩惱控制就會失去勇氣與好奇心。除此之外，也容易感覺「反正自己什麼也辦不到」而放棄思考，導致責怪他人或厭惡自己、自暴自棄、感到絕望等情況。

但並非「只要煩惱就好了」，**光只是煩惱沒辦法讓心變得強大，就算不再煩惱也無法讓你因而成長。**如果煩惱後沒有進一步解決問題、改善狀況，或煩惱後沒有採取讓自己及身邊的人變得更幸福的行動，那麼這個煩惱就毫無意義。

需要拋開只是讓自己在相同悲觀的思考中不停打轉的糟糕煩惱，把這個煩惱轉變為課題，把思緒切換成「找出解決方法」。

清理煩惱的三個方法

我從自己的經驗與對問題的認識中，認為以下三點是清理煩惱的必要方法：

- 採取解決煩惱的行動。
- 改變對煩惱的認知，將其轉化成「非煩惱」，或減輕其程度。
- 創造出從一開始就不會煩惱的思考迴路。

第一個「採取解決煩惱的行動」看似理所當然，但為什麼還是有無盡的煩惱呢？簡單來說，煩惱也有那種「無法具體表達」的類型，例如「對老後的不安」這類很茫然的煩惱。

除此之外，強烈認為自己無能為力的狀況也不少，因為「我說不出那種話」、「做不出那種事」、「那當然是辦不到啊」等刻板印象或先入為主的觀念從中阻撓，而無法採取解決煩惱的行動。

但正如前述提及的，煩惱大多源於自己的成長欲望或上進心，當你覺得無所謂時也就不會感到煩惱。所以應該要**把煩惱解釋為「這是讓自己變得更好的課題」後著手處理**。

接下來的「改變對煩惱的認知，將其轉化成『非煩惱』，或減輕其程度」以及「創造出從一開始就不會煩惱的思考迴路」則是排除刻板印象，讓自己「不再執著」。這是因為，**煩惱就是從「非得這樣不可」的死心眼中誕生**。

舉例來說，「非得有大學學歷不可」的執著就會產生學歷自卑。另一方面，沒有執著的人也就不會為此煩惱，認為「高中學歷或國中學歷都無所謂吧」的人根本不可能對學歷感到煩惱。

本書將利用這三個觀點，向大家介紹我對於「個性」、「自卑感」、「職涯」、「人際關係」、「金錢」、「挫折」等項目的想法。如果這本書可以幫助各位讀者多少減輕一點煩惱，那就是身為作者的我的榮幸了。

Contents 目次

第2章　個性

第3章　自卑感

第7章　挫折

Chapter 1
煩惱

01 別再「煩惱」

無法放下的人 活得很痛苦或感到鬱悶。
順利放下的人 得到幸福感與充實感。

煩惱不過是齣自導自演的喜劇

相同一件事，有人會為此煩惱，也有人毫不煩惱。

舉例來說，遇到被公司裁員時，有人會感覺「人生結束了」而沮喪，也有人能立刻振作起來，轉換心情「去應徵其他公司吧」。或者生病時，有人會對將來感到悲觀，也有人會看開想著「好，就專心治病吧」。

就像這樣，**其實煩惱的源頭並非發生了什麼事情，只是當事者特地將其「設定」**

為煩惱罷了，也就是說，問題出自於「解釋方法」上。除此之外，「活得很辛苦」、「沒有面子」、「感覺社會令人窒息」、「沒有夢想的未來」等，這些也並非由誰創造出來，也沒有誰強迫你這樣想，全部只是自己擅自如此思考而已。

「大家是這樣看我」、「要是他這樣想我的話該怎麼辦」，都只是自己創造出毫不存在的某人的聲音，然後自己去在意這些意見，又因無法說出真心話而感到鬱悶。明明社會和氣氛都沒有顏色，只是自己擅自為其加上顏色，折磨自己而已。也就是說，**幾乎所有煩惱不過只是自導自演的喜劇罷了。**

所以，為了讓自己與這種煩惱和不安絕緣，就得先**停止「擅自增添意義」**。接著，**讓自己擁有「不去在意」的能力，以及具正面意義的「忽視能力」**。只不過，「不去做」是意志上的問題，想這麼做得要多用力了。最理想的狀態是「超然」，不用靠意志控制，而是自然而然地不為所動，也就是具正面意義的「無感體質」。

能夠淡然活著才能幸福

不煩惱或不容易產生煩惱的人，比較不會感情用事，平常就展現出相當沉穩的感覺。這是因為他們的情緒不會為一點小事就大幅波動，相當冷靜。但另一方面，他們也有難以產生喜悅、感激等情緒的傾向。

或許有人會認為「身為一個人類，這樣不會太空虛嗎？」但如果是多愁善感的十多歲時代與缺乏人生經驗的二十多歲時代也就算了，我認為過三十歲之後，喜悅與感激其實和人生幸福沒有太大關係。

成熟大人所感到的幸福，是「充實感」、「成就感」、「滿足感」、「認同感」以及「平穩」。確實在這之中也包含著「太好了！我辦到了！」這類某種「喜悅」與「感激」，像是看著小孩出生與成長時會經歷這種情緒。但不會每遇到一件事情都歡騰喧鬧，而是用自己的方式評價發生的事情、環境與自己的行動並加以接受，冷靜地接納這些事情。

在職業運動中，越是屢屢創造佳績的人，在得分或贏得比賽時，大多只會稍微握拳擺出勝利姿勢，以「原來是這樣啊」的感覺淡然以對。反過來說，動不動就表露情緒的人，沒辦法冷靜地接納發生的事情，且容易受到外界因素影響，情緒也容易不穩定。

所以，會因為什麼事情大喜的人，反之也有容易感到不安與煩惱的傾向，其實這些人大多都是精神不成熟的人。

我自己平常不太感到喜悅也不太感到憤怒，真的就是情緒很平淡的感覺。就算孩子把家裡弄得亂七八糟，我也不太有憤怒情緒，即使在網路上負面言論延燒或有人寫上批評言論，我也完全不在意。不管對方是誰，我都能毫不客氣地說話，也敢加以反駁，所以不會因為哪個人說了什麼令人不悅的話而悶悶不樂。

新書的企劃通過、得到投資用的貸款、期貨交易上賺了一筆、研習會座無虛席，即使遇到以上的狀況頂多只有「太好了」、「這樣啊」的反應而已。孩子成長，看見孩子能辦到的事情變多，確實會湧現類似「感動」的情緒，但正確來說應該更接近「孩子長大了呢」，一種充實與滿足的情緒。

我認為正因為如此，才會感覺每天充實且幸福。或許沒有實際感受過就無法理解，但我認為，**可以沒有太多情緒起伏平淡地活著，或許就是一種幸福吧。**

點子豐富的人不會煩惱

消除煩惱或改變解釋煩惱的方法，首先第一步，就是**主動、自主地以自己的意志去面對煩惱。**

舉例來說，有些人一到雨天就會憂鬱。這些人會舉出「濕答答的」、「沒辦法曬衣服」、「沒辦法外出」、「衣服會濕掉」、「拿傘很麻煩」、「天色昏暗沉重，心情也跟著消沉」等負面印象當理由。

只不過，這些負面印象源自於「晴天比較好」的固執想法、「不喜歡晴天以外的天氣」的這類執著，所以只需要換個想法就好。

舉例來說，可以試著如此思考：「晴天就享受放晴的樂趣，雨天就享受下雨的樂趣吧。」接著就想想該怎樣在雨天中也能享樂，像是可以多帶一套替換的衣物，讓自己即使淋濕了也沒有關係；或者購買時髦的防水靴或雨衣，讓自己在下雨天也想要出門。應該可以想出不少點子。

也就是說，**只要轉換想法就可以讓自己享受環境變化，而這正是「問題解決能力」**。

從「下雨就憂鬱」轉換思考成為「該怎樣才能享受雨天的樂趣」，除此之外，也可以將這種轉換思考的方法應用在「該怎樣才能讓這無聊的工作變得有趣」、「該怎樣才能享受這痛苦的狀況」等日常生活的各種情境當中。

如果沒辦法產生這類點子，就可能被自己的死心眼束縛而情緒低落，或者受到環境變化的影響而被這個變化折騰。如此一來，就會持續處於連自己的幸福感等情緒也受到外在環境左右，而變得相當脆弱的狀況中。

明明居住在多雨的日本，每當下雨就嘆息「今天也是雨天啊，還真憂鬱」的人生也太無趣了吧。所以，**對於自己無能為力的變化，就需要切換成「想出點子的思考模式」，思考自己該如何在不喜歡的環境中保持快樂**。曾經聽人說過「點子豐富的人不會煩惱」，我認為這句話所言甚是啊。

02 別再「過度煩惱」

無法放下的人　容易把事情看得太嚴重。
順利放下的人　除了「無論如何都想要避開」的事情外都能接受。

思考這個煩惱最後「會出現讓人多傷腦筋的結果」

消除煩惱的其中一個方法，就是具體思考這個煩惱最後會出現多令人傷腦筋的結果，以及這個結果真的是糟糕到讓人無法重新振作嗎？

此時，可以先畫下一條**「無論如何都想要避免的事情」、「不管再怎麼說，這種狀況也太令人絕望」**的底線，接著試著想像是否真的會發生超越這條底線的狀況。通常在**具體思考後，你會發現大多都不可能發展成那麼糟糕的狀況**。

舉例來說，我在此向大家介紹一下我自己**「人生中絕對想避開這些事」**的底線：

- **最高層級**

自己或家人死亡

讓他人死亡

遭判五年以上刑期的刑事罪責

- **次高層級**

自己或家人生重病、受重傷

與家人別離

讓他人受重傷

犯下在審判中絕對有罪的罪行

失去至今累積的所有財產

像這樣畫下底線。然後，試著思考自己所抱持的煩惱與不安，是否會造成這樣的情況。最後，就會發現幾乎所有煩惱都不可能會造成這些狀況，所以根本不用擔心太多。

就算被媽媽友[1]討厭、就算被學校當作怪獸家長看待、就算明天上台簡報搞砸、就算大考失敗、就算與討厭的上司關係緊張、就算被公司裁員、就算被公司裡的老大姐當空氣、就算與多年好友吵架鬧翻，都不會造成前述提到的狀況，所以根本算不上煩惱。

如果孩子被診斷為發展障礙又如何？

具體思考時所需要的，果然還是知識。

我的大兒子在三歲時被診斷為發展障礙（自閉症類群障礙，Autism Spectrum Disorders），目前在協助孩子發展的療育機構上課。上小學後應該也會進入特殊教育班級上課，可以預想他無法走上一般的升學路線。也因此，我有較多的機會和有發展障礙孩子的父母互動，感覺許多人為此感到煩惱。

其中也有不想承認孩子有障礙而不願讓孩子到兒童精神科接受診療，或者不願意讓孩子接受療育的父母。不讓孩子接受適當的療育且強迫孩子進入普通班級就讀，結果孩子在學校跟不上大家、交不到朋友，因而遭到霸凌或拒絕上學的狀況也不少。似乎也有當幼兒園或學校建議「要不要讓孩子去接受診療」後，反過來發怒表示「所以你是說我家小孩有病嗎！」的父母，我也聽說有幼兒園把這類話題當成禁忌。

但我從來不曾因大兒子的事情煩惱，現在也不在意。因為這絕對不會超越我前面所述的底線，這只是他的大腦機能失衡，連疾病也稱不上。而且話說回來，大兒子到了三歲還幾乎都不說話，我早有覺悟這孩子大概有什麼問題了。因此在醫師告知診斷結果時，我也只有「這樣啊」的反應，並立刻開始查詢起「發展障礙的孩子能在哪方面活躍」的相關資訊。這讓我有些新領悟。

每個人都有優點、有缺點，是凹凸不平的存在，發展障礙的孩子只是凹凸比例比一般人更明顯。所以最重要的是，要將他們凹陷的部分提升到日常生活不受阻礙的程度，然後盡可能加強他們凸出的部分。

❶譯註：媽媽友是指媽媽們因為孩子的關係進而認識的朋友，例如孩子上同一所幼兒園的媽媽們。

進一步查詢後發現，創業者與研究者中不少人都有發展障礙，他們能用獨有的專注力在有興趣的領域中創造出優秀的成果。我也得知「神經多樣性」（neurodiversity）的想法（自閉症與發展障礙這類非典型發展，是人類基因自然且正常變異的想法）逐漸在社會中滲透，可以期待未來的環境支援會越來越完善。實際上，發展障礙的人只要得到適當的協助，能夠創造出超越尋常人的生產性，所以在ＩＴ企業中有積極活用「神經多樣性人才」的動向。

就像這樣，具體調查之後，我越來越覺得與其說這是令人傷腦筋的狀況，反而覺得障礙或許是種優點呢。

在此最重要的是「調查」以及「增加知識」。**知道得越多，就越能知道在自己以外有個非常廣闊的世界，那裡有許多解決方法。**即使問題無法解決，也可以得知「還有這樣的生活方式呢」、「也可以這樣做呢」等安心感。於是，這個煩惱就不會變成絕望，而會轉變成希望。

03

別再「怪罪他人」

無法放下的人　怪罪他人或公司而感到憤怒。
順利放下的人　接受這是自己選擇的結果，思考解決方法並行動。

他人不會為你做任何事

想要消除煩惱，或創造出不會煩惱的精神狀態，最重要的就是以「要為自己的人生負全責」的前提活著。

明白點說，就算你怪罪他人、公司、政府或社會，這些人也不會因此為你做些什麼。反而因為你對其有所期待、有所依賴，當發現那和你的期待不同或感覺遭背叛時，就會因此憤怒。而且，如果人無法改變自己的人生，那就等於無法擁有希望了，對吧。

當然我不是說連意外生病，或遭車子追撞、被暴徒攻擊等事情也都要自己負責。排除生病、意外事件這類事情後，**不管發生什麼事情，你都必須接受自己的狀況，全都自行負責**。

舉例來說，有個人表示公司的工作繁重讓他很痛苦，但投履歷去公司、參加面試，最後決定進入這家公司工作是他本人，並非別人擅自替他投履歷，還替他去面試。也就是說，**眼前的狀況是當事者自由選擇後的結果**。反之，辭職、換工作也是當事者的自由，任何人都無法阻止。

要擺爛還是要奮發圖強都是當事者的自由

有些人煩惱於貧困。當然，沒錢能做的事情就會受限，這相當不方便，但要因此奮發圖強還是繼續擺爛都是當事者的自由，要自己負責。

或許會有人主張「我只是無可奈何才做這份低薪且不安定的工作」，那就應該提升自己的能力，讓自己得以選擇其他公司。說「我沒有那種機會」的人絕對有天大的誤會。例如只要去圖書館就能找到最新的商業書籍與專業書籍，可以免費學習；世界頂尖大學也在網路上免費公開他們的課程。所以絕對沒有不上大學就沒辦法獲得教育或專門知識這種事。

我過去曾經因為經營的公司業績不振，連自己的薪水也付不起，只能搬到月租五萬日圓的破舊公寓去住。即使如此，在住家附近找到便宜的烤雞肉串店時會很開心，賴在咖啡免費續杯的咖啡廳好幾個小時不走，我還是過得挺快樂的。

雖然沒有錢，住的房子也很破爛，但**只要抱持「船到橋頭自然直」的希望，人生就能過得輕鬆自在**。也就是說，問題不在貧困本身，而是源自當事者的精神層面，如果把自己與其他過得更豐饒的人比較，就容易對貧困的自己感到悲觀而擺爛。

看到這裡，可能會有人接著表示「讓人無法有希望的社會才有問題吧」、「因為我無法對未來有希望」，但希望是當事者的「意志」，這並非他人給予的，也並非他人讓你看見夢想。

只要自己有希望，人生就會變得明亮；如果自己捨棄希望，人生也會因此黯淡。

而如何選擇沒有對錯。總而言之，這不過只是當事者自由選擇了自己想以哪個人生為目標罷了。

自己下決定，做好接受任何結果的覺悟

「自我負責」，正如字面所示就是對自己的人生負責。我並沒有瞧不起他人或捨棄社會弱者的意思，而是希望你能有「自己下決定，並接受其結果」的覺悟。

就算生病了，也要接受這是平常不保養身體造成的結果，然後去改善生活習慣。要是丟了工作，就要自我檢討是不是自己的能力低於公司期待，或當成這份工作不適合自己，進一步充實自己後，轉換心情找下一份工作。遇到危機時，要當成「這是怎樣的轉機呢？」「我可以從中學到什麼教訓呢？」「是上天要我去克服這個難關」來接受它。

同時，自我負責也意味設法讓自己盡量不會受到他人、環境、社會情勢帶來的負面影響。只要不再依賴他人，就會讓自己產生「試著憑一己之力解決吧」的想法，

並進一步去思考對策。如此一來，就算受到負面影響，也能產生用自己的力量去修正、改善的意志。

舉例來說，有人哀嘆著「上司太無能了，讓人提不起勁工作」。但是，被他人左右自己的幹勁，那人生也太無趣了吧。不覺得自己的幹勁因為「無能上司」消失無蹤，也令人太不甘心了嗎？而且，因為別人無能導致自己沒有幹勁，不覺得這幹勁的守備範圍也太過狹隘了嗎？

如果他太無能，那就讓有能的自己從旁協助吧。如果他老是說出不像話的指示，那就試著提出應對方案吧。如果對方無法理解，那就絞盡腦汁思考該如何讓對方理解。如果這還不行，那就自己實際做出成功案例來。只要把成果擺在眼前，其他人的想法或許也會跟著改變。要是還不行，那換工作就好了。老是待在一家沒用的公司只是浪費自己的人生。

如此貫徹自我負責後，就能從各方面來預測、想像可能發生在自己身上的事情，

接著做好準備。就算真的發生問題，也能抱持「該怎樣才能解決」的想法來思考解決方法，並進一步採取行動。

舉例來說，當你想要購屋時，會有「先確認災害潛勢地圖，挑選安全地區」的想法，如果該地區容易淹水，就會出現「買個可以完全賠償淹水受害的住宅保險」的想法，或是隨時儲備防災用品及乾糧等，可以有所預測並事先做好準備。

而凡事怪罪他人的人，就不會考慮那麼多，不會出現這類想像也不會事先做準備，然後在發生問題時，只會哀嘆自己的不幸。沒什麼人生比這更鬱悶了吧。

所以我認為，想要成為一個沒有煩惱的人，得到一個幸福的人生，「自我負責意識」是個相當重要的要素。

04 別再「緊巴著自己的想法不放」

無法放下的人 認為「對方是錯的」而讓自己焦躁。
順利放下的人 產生「這或許也不錯」的想法，活得更輕鬆。

回頭審視「自己的想法是否有錯呢？」

想要消除煩惱，其中一個必要心態就是擁有回頭審視「自己的想法該不會出錯了吧？」的勇氣。

包含我在內，我想幾乎所有人都認為「自己是正確的」。當然，正因為認為自己正確，才能認同自己的判斷與行動，這件事本身並不是件壞事。但另一方面，如果**過於拘泥自己的正確，看見其他人不同於自己的想法時，就會認為「對方是錯的」，**這就容易讓自己產生不必要的煩惱、不安或煩躁感。這類想法也會變成「非得這樣不可」的成見，而折磨著自己。

舉例來說，如果被「家事得做到完美才可以」的想法束縛，只要看見「家事偷懶」的人就會感到煩躁想要抱怨。同時，自己也會因為不管再忙都不願意偷懶而疲憊不堪，或者對偷懶感到罪惡感或自我厭惡。

因此，**要試著思考「如果我的想法是錯的，對方的想法才正確，那會是怎樣的狀況呢？」**

舉例來說，像在聚會、聚餐的場合中，你可能看見有人連一日圓都斤斤計較，而對「這人還真小氣耶～」感到煩躁。此時，如果認為對方的想法才是正確，這可以解釋成「如果不好好算清楚，就會變成金錢借貸關係，如果會讓彼此感到不滿或負擔的話，那清楚算好每一塊錢或許才正確吧」。

像這樣換個角度思考，讓你**出現「這或許也不錯」想法的事情也會增加吧**。

回到剛才那個「家事得做到完美才可以」的價值觀，可以試著思考「不做到這件事會造成什麼實質傷害呢？」

舉例來說，當你看見家事偷懶的人，試著想像「那個人因此受到了怎樣的實質傷害呢？」後會發現，「大概就是家裡亂糟糟而已，雖然有點傷腦筋，但沒有什麼實質傷害耶」。同理可套用在自己身上，「不喜歡家裡亂糟糟」只是你心情上的問題，並沒有因此失去什麼。如此一來，是不是就可以產生「既然如此，那稍微偷懶一下也無妨」的想法了呢。

當「自己的原則」和「他人的原則」不同該怎麼辦？

話雖如此，但想要改變自己視為真理的「原則」並非易事，自己的原則也可能與他人或社會的原則有所衝突，我想人應該都有絕對無法退讓的自我正義。

當你遇到自己的原則和他人的原則不同，為此感到苦惱時，你可以選擇：

❶ 影響對方，讓對方配合自己的原則

❷ 移往容許自己的原則的環境

「放棄自己的原則去配合對方」只會讓自己累積無謂的壓力，所以我們不考慮這個選項。

舉例來說，遇到剛才那種「小氣的人」的狀況：

❶試著說「零頭我出就好，大家分攤時就用一百日圓為單位好嗎？」之類的。

❷選擇「一個人○○日圓」這類定額消費的店家（雖然只有一張帳單，但許多店家都可以分開結帳），或者一開始就選擇不和這個人一起去吃飯。

我呢，因為認為終究無法改變他人，所以大多都會選擇❷。

只要不去「評斷」行為或發生的事，就能減少不耐煩

看見同一個人或同一件事，有人會感到不耐煩，也有人絲毫沒有感覺。舉例來說，自己從外面回到家後會把大衣用衣架掛起來，但丈夫（或者是妻子）會隨手亂扔，有人會對此感到煩躁，但也有人毫無感覺。

也就是說，「讓人煩躁的人」並非一開始就存在（雖然偶爾的確有這樣的人），而

是自己「創造出一個讓自己感到煩躁的人」。所以，只要讓自己不會因此煩躁，那麼讓人煩躁的人也會隨之消失。

先不討論本來就帶有惡意的人。一般狀況下，對方並非帶有惡意，也沒有想要找你麻煩的意思，只是什麼也沒有想或只是自然做出那些行為舉止。亦或是，對方可能也有他的狀況或他自己的堅持。**就算你試圖改變讓你感到煩躁的對象，也只是白費力氣而已。**

舉例來說，看見才剛出生不久的小嬰兒不會走路，你也不會因此煩躁對吧，這是因為你認為「這是理所當然」，而「不去評斷」對方的行動。另一方面，看見部下或職場晚輩工作不俐落而感到煩躁，是因為你認為「工作就該俐落點做」，且以這個判斷基準去評斷對方。

所以，**只看行動或是發生了什麼事情，但不對此做出任何評斷，如此一來就能大幅降低感到煩躁的頻率。**

為了做到只看不評斷，就需要「別過度期待」以及「適度放棄」。只要強烈期待

「他肯定會這樣做」、「這樣做才是理所當然」，當事情不如預期時就會煩躁，所以要先放鬆這一點。

而要做到「適度放棄」，就要先想像「不符合期待時的狀況」，在告訴對方「衣服要用衣架掛起來」的同時，也做好「他或許不會那麼做吧」的覺悟，當對方實際上真的沒做到時，也就不會感到那麼不耐煩了。

05 別再煩惱「將來的不安」

無法放下的人　易受他人影響，無法採取適當的應對。

順利放下的人　能以「知識、教養」為基礎，預測事情對自己的影響。

「博雅教育」可以幫助你從煩惱中解放

該怎樣才能在這模糊看不清未來方向、沒有明確答案、沒有任何範本、前無古人的時代中，不會感到不安、不憂心忡忡、不煩惱，隨時都抬頭挺胸闊步向前活著呢？其中一個方法，就是學習博雅教育（liberal arts）。

博雅教育也被稱為「邁向自由的技能」，正如其名，只要習得高水準的博雅教育，就能引導自己邁向更加自由的立場。這是因為，你能因此得到「看待事物的多元角度」。只要你的視角、觀點、思考方法、生活方式、價值觀、世界觀變得更多元，當遇到前所未知的狀況時，就能適當、靈活地應對。

我認為，這個**博雅教育立基於「知識」與「教養」之上**。

首先，「知識」是指我們對這個世界的結構組成、構造與關係等整體面向的理解，以及社會學、經濟學、法律等與生活密切相關的具體資訊。**只要知識豐富，就能讓自己的選項變多，也可以看清楚事情對自己會產生怎樣的影響**。

而且話說回來，相關資訊知識的有無，會造成許多差距。舉個簡單例子，「這款商品在哪家店比較便宜」，或「利用怎樣的管道可以找到最便宜的店」，如果沒有這類知識，你就得多付錢買下相同商品。或者如果你有稅金的知識，就能把更多的錢留在身邊；如果有法律知識，就算收到架空請求的詐欺[2]，也能泰然自若地處理。

其次，**「教養」指的不是知識的量與範圍，而是看待事物的方法、價值判斷的基準**。什麼東西有價值、何謂本質、哪個重要。什麼必要、什麼非必要。何謂美、何謂醜。只要有這樣的教養，比較容易做出「這對自己很重要，所以要認真去做，但這個不太重要，就忽略不管吧」這類的判斷。

這因人而異，但**只要價值判斷基準的主軸越明確，就能減少迷惘，也能減少感到不安的狀況**。

而且除了自己的價值判斷基準外，也要接納他人的判斷基準。只要自己心中關於他者的人格模式與行為模式的樣本越多，你對他者的想像也會越豐富，當你碰到與自己不同的人物，就能適當地與之應對。

家人的思考方法與行動原理為何？那個上司呢？那位公司老闆呢？總理大臣或總統呢？那個國家的人呢？那個宗教的人呢？只要多多理解與自己價值觀、個性、思考方法、興趣與欲望完全不同的他人的模式，就能避免與他人發生無謂的衝突，也能增加自己對他人的包容，減少人際關係產生的壓力。

❷譯註：日本常見詐欺手法的一種，寄送當事者沒有使用過的服務帳單，或謊稱電話費、水電費等費用尚未繳清的帳單，要求當事者匯款。

將知識與教養組合起來，面對眼前發生的問題或讓你迷惘的課題時，你就能想出解決、跨越難關的點子。正如前述，點子豐富的人沒有煩惱，指的就是這一回事。

閱讀就是與作者進行「知性格鬥」

說到教養，你可能會想到純文學、藝術、歷史等東西，但除了喜歡這些東西的人之外，對一般人來說，這些不太有趣呢。

在此有個可以簡單做到的方法，從自己有興趣的領域（選擇散文、自我啟發類等能體現出作者價值觀、想法與主張的書籍）中，尋找與自己不同主張的書籍來閱讀，與作者進行一場「知性格鬥」。

因為光是閱讀，「嗯嗯」點頭認同，那就只是原封不動接受作者的想法，這樣無法變成你的教養。閱讀古典書籍，只是知道「原來是這樣」也無法成為自身的教養。我剛剛提到，教養就是「看待事物的方法、價值判斷的基準」，所以如果無法形成多樣化的觀點，那就沒有意義。

格鬥就是「這個作者為什麼要這樣說呢？」「到底是基於怎樣的邏輯讓他說出這樣的主張呢？」「雖然作者這樣說，但我是那樣想，理由是因為……」等，懷疑作者的想法、主張，拿自己的想法、主張去碰撞。

我當然不是在否定純文學、歷史與古典文學，不管是文學作品還是小說，都要邊思考「為什麼這個人要說出這樣的台詞呢？」「如果我是這個角色，我會採取怎樣的行動呢？」一邊閱讀。

如果是古典文學，就邊思考「這個教訓可以運用在自己生活、工作、人生中的哪個場面上？」「自己有辦法適切地把這個教訓在適當的情境中實踐嗎？」邊閱讀。

如果是歷史，就邊思考「此時的領導人物與登場人物，是把什麼放在天秤兩端，是以什麼為優先下判斷的呢？」「如果自己是這個人物，會下怎樣的判斷呢？理由是什麼？」一邊閱讀。

這個「知性格鬥」的累積，可以幫助你形成、理解多樣的價值判斷基準，讓你變得更加自由。

只要直視現實，就能看見應對方法

學習博雅教育讓自己有多樣性的觀點之後，當你面對某個現象或狀況時，就能不偏頗地直率看待事情，預測能力也會隨之提升。

讓我稍微誇耀一下自己。二〇二〇年，新型冠狀病毒大流行，在全世界猛烈肆虐。

在二〇二〇年一月二十一日，中國武漢的染病者數量急速增加時，我在推特寫上「已經發生人傳人的感染了，接下來迎接春節，中國人會移動，將會擴大感染」這個推測疫情會大爆發的內容。接著立刻宣示「我要避開人群」，開始自主隔離，阻斷與不特定多數人接觸的機會。

當時中國當局還說「沒有人傳人的風險」，但我認為染病者增加的速度非比尋常。WHO甚至還說出「不需要限制出入境」的聲明，但我認為他們很明顯沒有直視現實。結果我預測中了，在那之後的混亂狀況，我想各位讀者也很清楚吧。

自賣自誇真的很不好意思。但這是個只要擁有多樣的觀點與知識，就能想像「也可能發生這種事情」，直率地直視現實（事實）並接受，就能提高預測能力的實例。

如果知識和教養太少，認識事物的模式會不足，就容易受到自己的偏見影響。會被「希望可以這樣」、「不希望變成那樣」等願望控制，這會讓你在認知現實時扭曲現實。如果無法直視現實，就沒辦法做出適當的應對，當然也就無法消除煩惱與不安。

另外，如果對社會上發生的事情之因果及其相關結構的知識太少，就沒辦法想像自己的判斷與言行會造成什麼結果，或者無法想像世界的變化與現象，以及他人的言行會對自己造成什麼影響。如此一來，就會晚一步做準備及思考對策，或做出不適當的應對，被狀況連累而陷入不利的狀況中。這會導致一種漫無計畫的人生，在各種場面中都抽到下下籤。

只要有知識與教養，即使那是我們不想面對的現實，也能正視它，並接受這是自己正遭遇的現實。接著思考「肯定會對自己造成這樣的影響吧」、「所以就這麼做吧」，就能找到應對方法，而這能進一步解決煩惱與不安。

Chapter 2

個性

06 別再煩惱「自己的個性」

無法放下的人　總是悶悶不樂地煩惱。
順利放下的人　學習新事物而得以抓住幸福。

為什麼會有個性的差異呢？

為什麼有總是快樂生活的人，以及總是憂心忡忡滿是煩惱的人呢？為什麼有享受自由的人，和處處自我設限的人呢？如果你用一句「就是個性不同」來解釋，我也無話可回，但為什麼會出現這樣的差異呢？

個性，是與生俱來的「性情」，是由從環境、經驗中獲得、形成的「思考特質」與「行動特質」形塑而成。

我們自孩提時代，從被父母及老師誇獎、教訓，和朋友玩耍、吵架中，學習到

「這是好事、那是壞事」、「這樣做就能得到誇獎、那個別人不能接受」等事情。

接著活到今日，自己受到過去接觸的人與環境影響，用自己的方法處理遇到的狀況，或是成功或是失敗，或是滿意或是沮喪，或是喜悅或是悲傷，在這樣的過程中，練就出「這是適當的應對、那個不適當」的處世之道。

同時，從書籍、他人的經驗、電視節目與電影、車廂內廣告與朋友那聽來的資訊中獲取知識，而如何取捨這些知識，也會受到原本的性情與處世之道的影響。

我們就是這樣吸取這些經驗與資訊，成就出「自己」。也就是說，**個性是我們為了活在世上而構築出的鎧甲，是「這對我來說是最適當的方法」這類對當事者來說的「生存戰略」**。

個性可以靠學習來改變

個性是由三層結構構築而成的，第一層是與生俱來的「性情」（包含資質與素質在內），第二層是「自我肯定感與自尊心」，第三層是「信念」。

第一層的**「性情」，是形成個性的核心**。

就算是由相同父母養大的兄弟，可能一個只喜歡自己玩，另一個喜歡跟別人一起玩，也會有天性的差異。所以說，孩提時代起展現的內向或外放，這不是誰教出來的，而是自然流露，這是與生俱來的性情，無從改變起。

如果個性在成長過程中出現改變，可以推測是因為發生了什麼事情或有過什麼經歷，而這就是第二層與第三層。

第二層位於第一層之外，是**「自我肯定感與自尊心」等個性基礎的基本骨架**。這是在與家人等養育者的往來互動中形成的。

舉例來說，「我沒問題」的自我肯定感、「自己是能為他人做出貢獻的人」的自我有能感、「珍惜自己」的自愛、「自己就是這樣的人」的自我認同、能否獲得對自己與外界的信賴感，都深受幼年時期家庭環境的影響。

受虐長大的孩子會持續處於焦慮之中，因為他們無法找到確保安心的地方，無法建立起與他人間適當的距離感和信賴關係。因此可能也會虐待自己的小孩，陷入惡性循環的狀況，這應該是最為人所知的例子。

就算不到虐待程度，在高壓父母壓抑下長大的孩子、無法從對孩子漠不關心的父母身上得到足夠親情的孩子、因為父母過度保護或過度干涉而總是看父母臉色長大的孩子、總是被拿來和別人比較，只能得到「要是你〇〇，我就誇獎你」這類有條件的愛的孩子，這些人也容易有自我肯定感低落的傾向。

因此，他們會為了不被身邊的人討厭而扼殺自己以迎合他人、為了不降低自己的評價而自我誇耀或騎到他人頭上、從一開始就認為「自己做不到」而退縮的傾向也很強烈。不僅如此，無法滿足的自戀，會以過剩的自尊心表現出來。「我的自尊心不容許我先低頭」也是類似的心態，許多人會因為這微不足道的自尊阻撓而錯失機會。

第三層是**行動原理的基礎「信念」**。

我們透過家庭、學校、人際關係中的經驗以及環境、狀況，進而得知「不可以做這種事情」、「非得做這件事情不可」、「這是正確」、「這是錯誤」。或者學到「這樣做就能順利、那樣做無法順利」、「這樣對自己有利、那樣則不利」、「這有意義、那沒意義」等事情。透過這些經驗與學習，我們會修正自己的思考方法，以適應社會。

這些在某些環境中對自己有利，但有時也會變成先入為主的觀念或頑固的想法，束縛自己、折磨自己。舉例來說，應該有許多人會把「賺錢是惡」、「朋友多才好」等刻板觀念，以及「母親就該這樣，育兒就該這樣，男人就該這樣」等毫無根據的「就該這樣做的理論」，強迫自己或身邊的人接受。網路上引發的各種「論戰風暴」，大多起因於此。

這類想法與看待事物的方法，是學習後得到的東西，所以也能透過全新的學習來改變。

理所當然的，環境、人際關係與自己的能力都會隨時間改變，**自然而然會捨棄或改變已經不適合自己的想法與看待事物的方法，接納新的想法與看待事物的方法。**這就是「知性」，是成熟大人本來應該擁有的樣貌。

只不過，有人在獲得想法與看待事物的方法之後，數年，甚至數十年如一日，幾乎不會有所改變。這個「學習能力」的差距，就是能不能抓住幸福的分水嶺。

也就是說，想要消除煩惱，想要打從一開始就不煩惱，甚至想要獲得精神上的自由，就得擺脫在成長過程中養成的偏見與固執想法，並練就透過全新學習來改變這些想法的技術。

07 別再「負面思考」

無法放下的人　畏懼「風險、缺點」而無法行動。
順利放下的人　能活用「高度的危機洞察能力」採取行動。

思考迴避或降低風險的行動

內向的人最常見「討厭自己馬上就會出現負面思考、消極思考的個性」這種煩惱。但換個角度想，這也可以解釋成對風險敏感，且想像力豐富的表現。也就是說，這些人察覺危機的能力比一般人來得高，這件事情本身似乎不是件壞事。真要說有問題，應該就是在負面思考後，因為「害怕風險與缺點而無法採取行動就結束了」這檔事吧。

那麼，為什麼會變成這樣呢？其中一個原因，可能是因為**思考的深度太淺了**。會這樣說，是因為如果找到風險或缺點，就應該要思考迴避或降低風險的方法，並且做好周全的準備，如此一來就容易行動。所以有可能是沒有深入思考到這種程度吧。

只要事先想定「這裡存在著這樣的課題」後，就能逐一邏輯思考解決問題的方法，接著準備行動。或是要為「假設真的發生了」做準備，先準備好應對方法。如此一來，就能消除不採取行動的理由。

當然，當你知道這個問題無法獨力解決、無法獨自承受，損害過大無法負擔時，就會做出「不做」（不行動）的判斷。但是合理思考追究到底後，你會發現負面思考與行動力及迴避危機的能力，本來就是可以同時成立的。

試著啟動「換位思考」來想像

另外一個原因是有看輕自己的思考習慣，特別是在人際關係上會出現「發生什麼事情時，應該是自己有錯吧，問題應該出在自己身上吧」等想法。

舉例來說，跟別人打招呼卻被視若無睹後，就會悶悶不樂地想著自己是不是被討厭了，是不是做了什麼惹對方不開心的事情了。或者寄送賀年明信片給對方卻沒收到回信，就會沮喪想著是不是對方想和自己斷絕關係了。

這種時候，其實只要輕鬆問一句「剛剛怎麼了嗎？」「發生什麼事了嗎？」就好，卻因為太內向問不出口，而庸人自擾悶悶不樂。

因此，為了放鬆這種心情快要被勒緊的狀態，試著啟動「換位思考」吧。這是個**讓自己站在對方的立場上，試著去想像「在這種情況下，會有怎樣的理由」的方法**。

舉例來說，想像你自己會在什麼時候忽視別人向你打招呼。不對，自己應該不會忽視別人啊，所以說，大概只是單純沒看到吧，或是誤會對方打招呼的對象是別人而非自己。而且自己曾經有過突然被打招呼而嚇到的狀況，該不會是那種狀態吧。

沒有回寄賀年明信片，或許是因為有什麼緊急事情而忘記了。或許是太忙沒時間寫，拖太久變得有點不好意思寄了。可能是他早已決定誰都不寄，也可能正好在喪期中不能寄之類的。

如此想像後，就可以知道對方在人際關係中出現負面反應的原因，可能是與自己無關的因素所造成的。只要發揮想像力，思考對方是因為有他的問題與狀況才會出現這種反應後，也能多少緩解不安吧。

08 別再煩惱「沒有自信」

無法放下的人　無法發揮出潛力。
順利放下的人　從小挑戰開始，下次活用從失敗中學到的教訓。

自信不是「能不能擁有」而是「是否擁有」

你是否曾有過「無法有自信」或「要是我能再有多一點自信，就能順利了啊」的想法呢？

自我肯定感低落的人特別容易陷入這種想法當中，這樣的人應該要重新審視「自信」原本的意義才能輕鬆一點。請理解自信並非「能不能擁有」這種被動且依賴外力的對象，而是「是否擁有」這種主動且以自己為主體的對象。

只不過，正如在前述談到個性時曾提過，自信形成的最大要素，是幼年時期在照顧者適當養育之下培養出來的「自我肯定感與自尊心」，如果沒有相對應的教養環境，就算別人要你「拿出自信來！」應該也很難辦到吧。

舉例來說，受虐長大的人，或是不停被「你是笨蛋」、「為什麼連這種小事也做不到」、「沒用的傢伙」、「反正一定會失敗，還是別做了吧」、「你辦不到啦」這些話否定、壓抑長大的人，不管遇到什麼事情都拿不出自信。

因此，**想要後天找回自信，就是要主動去累積成功經驗與成就**。

人從過去的經驗，累積「順利、不順利的事情」，以及從中感受到的成就感與挫折感，架構出「這我似乎能辦到」、「這似乎辦不到」、「稍微努力一點可能辦得到」等判斷基礎。

如果不先架構出判斷基礎，就會對所有事情畏縮，終歸一句，也就是缺乏面對未知或陌生事物的經驗。因為挑戰並克服未知事物的經驗太少，更讓人感到不安。所以，**即使是小事也無妨，透過進步了或完成了某事，去累積讓你感覺「自己也還挺能幹的嘛」、「我真的辦到了耶！」的成功經驗**。

累積跨越小失敗的經驗

另外一個妨礙你擁有自信的要因，就是太容易因為不順利而受傷了。太容易受傷，就容易陷入「害怕失敗後被嘲笑、自己受打擊或受傷」→「乾脆從一開始就不去做」→「無法累積經驗」→「越來越害怕挑戰」的惡性循環中。

如果一直處於這種狀態，不管有怎樣的潛能，你都很可能在無法發揮潛能的情況下結束一生。

假設**你挑戰失敗而受傷，從失敗中振作起來可以讓你得到力量**。這會讓你產生「失敗了也沒有關係，總會有辦法的，又不會死人，所以去試試看吧」的自信。所以可以從小事情開始一件一件跨越，慢慢累積經驗。

以我自己的例子來說，我利用報社獎學金學生[3]的身分籌措學費，還邊打工度過了貧困的學生時代。正如同我在前言中曾介紹過，我畢業時找不到工作而成為飛特族，在第一家公司因不停犯錯，一年就被開除。獨立創業後開了又關、關了又開好幾家公司，也經歷員工的背叛以及訴訟，有過與他人競爭的經驗。

我想大家應該很難會有這類經驗，但像這樣挑戰失敗接著跨越失敗後，就算事發當下相當悲慘，也會讓你對大部分的事情產生「沒什麼大不了」的想法。

負面思考會變成現實

我想應該很多人聽過拿破崙・希爾（Napoleon Hill）說過的「你能想到的最終會變成現實」這句話吧。確實有這樣一面，而且，其實**負面思考變成現實的例子比正面思考還要多，容易真的變成負面結果**。因此，容易有負面思考傾向的人，就需要試著有意識矯正這件事。

舉例來說，只要出現「自己辦不到」的想法，就會連必要的努力都不做，著手去

❸譯註：報社獎學金是由日本各大報社提供的獎學金，實質是學生以自身勞力換取學費、生活費的制度。接受獎學金的學生，得聽從報社安排到派報社工作，送早報與晚報。雖然解決了經濟方面的問題，但勞動環境不算好。

做時也容易畏縮不想解決問題，且無法堅持下去。如果真的出現不好的結果，就容易陷入安慰自己「果然是不行啊」讓自己接受的惡性循環中。

如此一來，「自己辦不到」的自我暗示就會越來越牢固，負面思考傾向也會越來越強烈。而這個負面程度，會讓自己的做事方法也變得負面，這會在現實中引來負面狀況，最終變成真實。也就是說，負面思考可說是種「預言式思考」，是相當恐怖的思考模式。

想要矯正長年培養起來的思考習慣並非易事，但你首先要**清楚認知束縛你的成見以及先入為主的想法**。其中一個的方法，請讓我不厭其煩再提一次，就是當你感到不安、不滿或憤怒時，先抱持著「自己的想法是不是錯了？」的疑問（請參照第39頁）。不要堅持「我的想法才正確」，而是停下腳步思考「自己的想法或許錯了」，這就是拋開成見、發現「原來自己有這樣的思考偏差習慣」的第一步。

09 別再死心眼認為「非得完美不可」

無法放下的人　害怕出錯或失敗而無法行動。

順利放下的人　不在意他人目光，可以勇往直前。

只要拋開「完美主義」就能變輕鬆

接續前一個主題，害怕失敗而無法挑戰的人，「不容許犯錯或失敗」的成見根深柢固，有著「完美主義」的思考傾向。或者會因為過度沒自信而出現「得要做好才可以」、「不可以失敗」的死心眼，而躊躇著該不該行動。

在此也試著啟動「**換位思考**」看看吧。

舉例來說，當他人在工作等事情上犯錯時，你會全盤否定對方「這傢伙是個沒用的人」嗎？看見上台簡報結巴或吃螺絲的人時，你會瞧不起對方「這傢伙真沒用」

嗎？在朋友的結婚典禮上，看見一臉通紅、滿頭大汗上台講話的人，你會嘲笑對方「這個人也太丟臉了」嗎？

或許有人真的會這麼想，但那是針對敵對的人或討厭的人。我想，大部分的情況，應該都會鼓勵對方「這次真的太可惜了」，或是同情對方「你肯定很緊張吧」。也就是說，**正如同你能容許別人不完美的一面，別人看見你不完美的一面時也會容許的**（更正確來說，其實根本不太重視）。

所以說，**如果遇到讓你躊躇不前的狀況時，可以試著思考「如果不是我，而是別人來挑戰之後失敗，我會因此嘲笑那個人嗎？」**接著，你會發現幾乎所有事情都是「我應該不會，甚至連這種想法都沒有」，如此一來心情就能輕鬆許多。

「好丟臉」，其實只有你這樣想

幾乎所有站到人前覺得「好丟臉」，或覺得「失敗了會很丟臉耶」，都是出自自己的成見而擅自發動的情緒。

在工作簡報時，老實說，聽簡報的人根本不是想評價你這個人，既對你沒有特別的興趣，也沒有詳細觀察你，重要的是簡報內容。你自己應該也是如此吧？

同理可套用在私人場合上，你通常不會詳細記得與其他人的對話內容，就算看到別人的失敗或缺點，應該也會立刻忘記吧。那麼，其他人也是如此啊。

假設現在正在看足球比賽，你支持的球隊把球踢偏了。該選手或許會感到非常丟臉，但看比賽的人頂多只有「啊～太可惜了！」的感覺吧。

對自己的發言或行為感到丟臉的其實只有你自己，他人不見得這樣覺得。也就是說，丟不丟臉**只取決他人如何解釋這件事，而非你自己的解釋**。我們又不是為了避免丟臉而活著，而且就算丟臉，也不會發生什麼令人傷腦筋的事情。所以你要想通，**只是稍微失敗了就覺得「好丟臉」，是自我意識過剩，是自我陶醉的表現。**

他人失敗時用「這樣啊」、「是喔」帶過

我過去曾經開設了美容沙龍，結果短短一個月就結束營業。我也是個投資者，曾經在商品期貨交易中損失了一千三百萬日圓，也曾在其他金融商品上損失九百萬日圓。投資海外不動產也因為找不到租客，造成貸款比房租更多的逆差狀態，現在也還是每個月都要填補這筆資金。

雖然我遭遇過一連串失敗，但你看完後會出現「這傢伙也太笨了」、「丟臉的傢伙」等感想嗎？應該不會這麼想吧，甚至可以說大概就是「這樣啊」、「是喔」的程度。

而對我來說，多虧有了這些經歷增加我不少經驗，也因此讓我有了許多話題拿來寫書。也多虧從這些失敗中學到的教訓，讓我擁有思考能力與判斷能力，現在才能過著不為金錢苦惱的生活。

就像這樣，挑戰後失敗，從失敗中學習，這是通往成功的必要過程，想逃避失敗

而不去挑戰，也就等於逃避成功。

錯誤與失敗，能讓你明瞭「這個方法無法順利，所以必須換另一種方法」，如此反覆嘗試錯誤，就能找出更適當、更有效的方法，是種相當具生產性且非常積極的過程。所以首先要捨棄「非得完美不可」、「失敗後會被嘲笑」這類毫無根據的成見。

10 別再「因為一點小事就煩躁不堪」

無法放下的人　無法容忍與自己不同的人，徒增不滿與爭執。
順利放下的人　尊重他人的行動，獲得精神上的從容。

看見外遇新聞而憤怒的人是傲慢

有些人會因為一點小事而煩躁不堪。這類人的精神狀態容易受到他人或發生的事情影響，可說是容易有煩惱的個性。想要成為一個沒有煩惱的人，其中一個希望大家擁有的心態，就是**別只用自己的標準來判斷他人或事物**。

想做到這點，就需要有意識地別用**「正確、錯誤」、「是否符合道德」、「是否違反倫理」等標準來做判斷**。這是因為，這些判斷的根據是自己心中固有的東西，別人不見得也是如此。

舉例來說，我對別人外遇一點興趣也沒有，但有很多人會在看到藝人或政治人物外遇的新聞後生氣。他們認為「不應該外遇」、「公眾人物應該要清廉潔白」，所以看見他人的言行與自己的道德觀不符時就會生氣。其實他們也只是想要別人符合自己的正義，所以看見不符的人就會生氣，容易生氣的人其實是相當傲慢的人。

同時，也要**捨棄「身邊的人也應該要實現我的正義」這種成見**，每個人的正義都不同，而且說到底，根本不存在客觀的正義。幾乎所有狀況都是「對自己有利的事情」為正義。

「超人力霸王」和「巴爾坦星人」誰才是正義？

這可能有點唐突，請問你認為超人力霸王和巴爾坦星人，誰才是正義呢？

我想，一般人應該會回答「超人力霸王」，在看見超人力霸王打倒巴爾坦星人時，或許會感覺「果然還是正義獲勝」。但這件事情背後還有個小故事，實際上的設定是這樣的。

因為核子實驗而失去故鄉巴爾坦星的巴爾坦星人，和正好在宇宙旅行中而逃過一劫的二十億三千萬同胞，一起搭乘太空船四處流浪。順帶一提，他們的弱點是火星上的物質「斯派修姆」。

他們只是為了要修理太空船以及購買備用零件偶然在地球停留，在得知地球是他們可以居住的環境之後，才決定要搬到地球居住。一開始，因為他們不懂地球的語言，所以附身在假死狀態的嵐身上，與井手和早田說話，說明自己的狀況之後，與對方談判希望可以留在地球居住。

他們一開始的攻擊並沒有殺死人類，早田對他們說：「如果你們可以把身體縮小成人類的尺寸，並且遵守地球的法律與文化，那也不是不能留在地球居住。」但聽到巴爾坦星人的龐大人數後，井手面有難色，不僅如此，早田還提議他們可以去住火星，但火星上有對他們有害的物質「斯派修姆」。雙方談判因此破裂，巴爾坦星人強行宣示要搬來地球。接著露出真面目，變得非常巨大，展開侵略破壞活動（文章引用自維基百科並加以整理）。

讀到這邊，就可以知道「巴爾坦星人也有巴爾坦星人的正義」，如果你是巴爾坦星人，你會怎麼做呢？如果你是率領流浪的巴爾坦星人的首領又該怎麼做呢？

說到底，**其實根本不存在客觀的正義，十個人就有十種正義**，巴爾坦星人的正義、超人力霸王的正義、科學特搜隊的正義和早田進隊員的正義都不同。

儘管如此，如果只是用自己的正義去衝撞對方的正義，那就永遠不可能互相理解，最後只會發展成戰爭。現實上，世界就是這種狀況。因此應該可以理解，**只是主張自己的正確與正義，除了不滿與紛爭之外，什麼也不會產生。**

理解他人的狀況與行動原理

夫妻或家人老是吵架的原因就在這裡，因為想要證明自己才是正確的，希望對方照著自己的要求改變才會吵架。

對方不願意實現自己所想的正確，這太奇怪了。對方就應該要實現自己所想的正確，自己沒有錯，錯的是對方。非改變不可的是對方才對……。就是因為這樣，**想**

要主張並強迫對方接受自己的正確才會感到憤怒。

舉例來說，有些人看見對方訊息已讀不回就會生氣。但本來就是有人會立刻回訊，有人不會，每個人對回覆訊息的速度感與時間感都不同。可能不小心忘記了，也可能因為太忙而沒有多餘的精神可以回訊。更或許是訊息內容讓人很難回。

也就是說，**別人也有他們的狀況、他們的行動原理**。即便如此，你還是因為對方沒有實現你單方面認為的正確而去責怪對方，這就會發展成爭執。家人或情人間的爭執，也常會聽見「你為什麼不做○○？！」「你為什麼要做△△？！」等質問理由的對話。但這聽起來只是在指責對方，並無法解決問題。

如果感到不耐煩，生氣前請先說明自己所想的正確以及理由，並以「請求」的形式傳達。同時也需要傾聽對方所想的正確以及理由。「如果你能這麼做，我會很高興，是因為這樣和那樣。」接著也要聽對方說「我希望可以這樣，理由是這個和那個。」

如此磨合彼此的原則與主張，就能做出「那麼這邊就這樣做，那邊就那樣做」結論。接下來如果哪一方沒有遵守雙方的約定，那就是沒遵守的人有錯，到時再生氣就好了。

當然，即使如此也可能因為「別讓我一件事情重複說那麼多次啦」而感到更加生氣，但只要保證「這對雙方來說都是合理的約定」、「這是能讓雙方開心的約定」，對方逐漸改變的可能性也很高。

將判斷基準從「社會上的正義」轉為「影響」、「好處」、「開心」

從哪個基準來看待發生的事情與他人是此處的重點，正如前面所述，立刻會感到不耐煩的人，他們是從「是否正確」、「善或惡」這個基準來判斷。因此，需下意識去改變這個基準。

或許有點極端，請讓我介紹我自己的基準。我會用**「對自己是否有影響」、「對自己是否有好處」**這個基準來判斷事情，新聞等資訊也是相同。

用前面提到的名人外遇來說，這對我沒有影響也對我沒有好處，所以我完全視若無睹。另一方面，法律修改對我會產生影響，所以我就會詳細確認這方面的資訊。另外，我也會確認意外事件或事故新聞。就算沒有直接影響，只要試著思考「如果我遭遇到相同狀況，我該怎麼做？」就能做好對策，避免自己陷入相同的狀況中。

而關於人際關係，還要再加上一個「是否感到開心」的基準。與讓自己感到不愉快的人保持距離，珍惜在一起會感到非常開心的人。珍惜言行舉止能給自己參考的人、能為自己帶來好處的人之間的關係。當然，也有像職場或親戚等無法輕易保持距離的人際關係，但只要擁有這樣的判斷基礎，應該就能減少讓自己煩躁的狀況。

11 別再「後悔」

無法放下的人　後悔過去發生的事情或判斷，只是浪費時間。
順利放下的人　做出合理的解釋從中獲取教訓，得以往前邁進。

合理解釋過去並從中獲取教訓

誰都不想要後悔。為了預防後悔，理所當然需要「做出自己能接受的判斷與選擇」，為此就需要「擁有強烈支持這個判斷與選擇的根據」。

雖然這樣說，也常遇到在未知的狀況中判斷基礎不足的情形，結果最後還是出現遺憾的狀況，這應該每個人都曾經歷過吧，也是無可奈何的。但如果老是後悔、哀嘆過去的選擇，也太可惜了。因為過去的事實已經無法改變，煩惱也只是浪費生命而已。

這樣一說，大概會有人反駁「那種事情我也知道啊！」「如果可以不煩惱就不必這麼辛苦了！」因此最重要的事情，是改變過去的意義。

就算是過去的錯誤，只要將其轉變為正向積極的意義，那就會變成對自己而言正確的過去。也就是說，**可以獲得將過去的事情與判斷「轉換成事後正確答案的力量」**。當然，如果你說這是「對自己有利的解釋」，我也不否認，即使如此，只要能**將其變換成「教訓」，至少就能減少每次想起過去的失敗就哀嘆的機率**。

舉例來說，令人絕望的失戀可以轉換成「這是為了認識其他更加優秀的異性」；就算沒有考上第一志願的大學，可以轉換成「代表上天要我在這裡而不是在那裡念書，比起學校名聲，能學到什麼更重要」。

事後變成正確答案的力量

以我自己為例，我過去曾遭到國稅局調查，被追繳了一大筆的稅。自營業特別容易發生這種事情，許多人會把與事業相關性低的灰色地帶支出全列入帳目中以減少獲利，藉此壓低稅額。當然，如果是刻意這麼做就有逃稅嫌疑，但也常發生「什麼，這不能當成支出嗎？」這類「認知錯誤」的狀況。

而我擅自解釋成「這對事業有間接性的幫助」而列入支出中的款項，有許多都遭到否決。不僅如此，國稅局還指出我漏申報了從外匯交易中獲取的利益。因為我中途更換了另一家外匯交易公司，忘了原本那家外匯交易公司被其他公司合併之後變更公司名稱的事情。

因此，我原本收支幾乎打平的稅務申報書，在修正之後變成連續三年大幅獲利，被追討了大筆補繳稅額、滯納金與短報稅額罰款。

不曾有過這種經驗的人可能不清楚，這是個重大打擊。但我突然驚覺「我公司營收數字如此優秀，應該也能成功通過住宅貸款的審查吧？」

在收支打平的情況下，金融機構會認為「可能光生活就很吃緊了吧？」很難審核過住宅貸款的申請。實際上，在這件事的兩年前，當我想要申辦獨棟住宅的貸款時，僅僅不到三千萬日圓的貸款也被打回票了。所以我也默默想著，我大概得租房子一輩子了吧。當時我住在東京都內月租十五萬日圓的分租公寓中。

被追繳稅後我再度詢問銀行，沒想到最高竟然有辦法貸到一億日圓！我用這筆貸款蓋了現在所住、兼租賃用的住宅，房租收入就能全額負擔房貸了。

也就是說，**思考「是否能將這個困境轉換成什麼好處」後行動**，而創造出「正因為當時被查稅，我才能買下這個不需要負擔貸款的房子」的結果，這件事就是事後正確答案的案例。

我的個性本來就不太有煩惱，除此之外，遇到公認會計師考試失敗，也放棄再度考試，大學剛畢業時找不到工作，第一份工作幾乎是被開除逃離公司，創業的公司倒閉等事情時，也不會悶悶不樂太久（事發當下當然很沮喪啦）。

我想，這是因為我有「事後變成正確答案的力量」，才有「多虧如此，我考上了美國的公認會計師資格」、「多虧如此，我才能到外商顧問公司工作」、「多虧如此，我才能開了自由的一人公司」等結果。

或許我屬於特例，但擁有在事後修正路線，將其當成「最終結果是正確答案」的「事後變成正確答案的力量」，應該是能夠減少後悔、向前邁進的必須力量吧。

Chapter 3

自卑感

12 別再哀嘆「自己的能力」

無法放下的人　不管過了多久都沒有辦法找到好工作。
順利放下的人　重新審視自己的能力，獲得金錢與自由。

拋棄「專業絕對主義」

不少人會對自己的能力哀嘆「我沒有任何特殊技能，也沒有任何強項」，但那只是沒有得到期望中的地位及收入的藉口。

「我沒有任何特殊技能，所以沒辦法進好公司」、「我沒有任何證照，所以沒辦法更上一層樓」、「我沒有任何強項也沒有專業，所以沒辦法找到高收入的工作」，我想問說這些話的人四個問題。

第一個問題是「**想要找到好工作，真的需要特殊技能、專業或強項嗎？**」

舉例來說，你看看公司裡的上司與同事，他們是如何呢？他們或許確實有「認真、開朗、工作效率很高、公司內人脈很廣」等優點，但要論這些有沒有辦法稱得上是特殊技能、專業或強項，其實也沒到那種程度，幾乎所有人都是很平凡的人。

接著看看在那之上的部長、董事、公司老闆又是如何呢？你不覺得，這些人大多工作能力強，但那也並非專業，只是「累積長年經驗」的「普通大叔」而已嗎？

當然，也有要求專業與國家證照的工作。舉例來說，在研究開發領域中就要求高度的專業性，而這類工作普遍待遇也較佳。但**這類需要高度專業的職種只占一小部分，大部分工作都是透過熟稔與經驗來掌握的**。

實際上，你的上司肯定也是從大學剛畢業幾乎白紙的狀態走到今天這個地位。而且，就連被認為專業性高的牙醫（受僱醫師）平均年收為六百二十一萬日圓（二〇一七年醫療經濟實態調查，厚生勞動省），律師也因為競爭變激烈，年收不滿五百萬日圓的人正逐步增加。也就是說，**擁有證照或專業性也不見得能找到好工作**（雖然機率還是比較高）。

哀嘆自己能力的人心中有「要是有特殊技能肯定能找到好工作」的成見，以及「現在的自己剛好什麼都沒有，所以甘於現在的狀態」這種肯定現狀的放棄，還加上「要是我能拿到證照，就可以找到好工作」的逞強吧。

這是常在明明不努力自尊心卻很高的人身上看見的思考模式，他們想：「自己的不行只是剛好因為沒有證照也沒有專業，並不是自己無能。」所以，你需要先認知有這樣的成見與自尊，並且捨棄「專業絕對主義」。

「好工作」只是種自私想法

第二個問題是「好工作到底是什麼？」

「好工作」的其中一個條件是收入，但真的是如此嗎？

舉個極端的例子，我有個朋友有配線技術士的證照，開了一家電器行，是夏天一個月營業額三百萬日圓的超強人物，年收則有兩千萬日圓。但是，看見他在炎炎夏日中滿身大汗替顧客安裝冷氣的身影，你想要做同一份工作嗎？（我就不想，真是對不起。）

另外一個朋友經營的汽車維修廠年營業額一億日圓（他當然擁有汽車維修技術士的證照），去找他時看見他全身油汙工作的樣子，你會想「薪水好的話我也想做」嗎？（我就不想，真是對不起。）

或者也有人認為「好工作等於光鮮亮麗的工作」，但真的是這樣嗎？

舉例來說，向新人提案婚禮方案的婚禮策劃師這份工作，外表看起來光鮮亮麗，但就和護膚、美容業界相同，婚禮業界也是體育會系❹的世界，是需要不停拉業績的業界。

隨時得承受上司的恐怖壓力，不僅企劃婚禮，還需要談到讓新人多花錢追加其他服務。不少人幾乎是在憂鬱症狀態中辭職，是個人員異動頻繁的業界。當然，這也是很常加班的工作。我在討論自己婚禮的過程中，看見負責人一刻不得閒地回辦公

❹譯註：「體育會」是學校體育類社團的聯合組織，而「體育會系」為從中延伸出的意思，代表「體育類社團特有的文化」，主要特徵有精神論、耐力論、重視上下關係、重視體力等。

室去確認，偶爾回來時還眼眶泛淚，看見他寄送郵件的時間（當然是深夜），稍微得知了這個業界有多辛苦。

當你看見乍看之下光鮮亮麗工作的「幕後」時，你真的想做那份工作嗎？

問了「哀嘆著『沒辦法找到好工作』的人口中的『好工作』到底是怎樣的工作？」後，大多會聽到「週休二日、有特休、不太需要加班，工作也不會太辛苦，當然不想要在外面跑業務或會弄髒自己。但年收要高、福利當然也要好」這等回答。

你不覺得很想回一句「腦袋沒問題嗎？」

已經抱怨幾年了呢？

下一個問題是「你這句話已經說多少年了呢？」

舉例來說，在商學院取得企管碩士學位的時間大約兩年，其他證照也是只要認真念書，幾乎都能在兩到三年內取得。儘管如此，讓我不禁想問，為什麼你還在說這種話呢？

這應該還是正如前面所述的，單純想要認為「這不是我的錯，只是因為我剛好沒有證照、沒有專業而已」吧，同時也可看出因為不想努力，而想要認為「我只是還沒認真起來而已」的心理。

沒有特殊技能或專業，那從現在開始培養就好了。公家機關的職業訓練制度也很豐富，可以用便宜的學費學習專業技能。只要搜尋就能查到，有加入失業保險的人，有非常多一般要數十萬日圓學費的半年課程，幾乎只要負擔一到兩萬日圓的教材費就能上課。

真的什麼也沒有嗎？

最後一個問題是「你真的什麼也沒有嗎？」

以我自己來舉例很不好意思，我考上了美國公認會計師的資格（CPA），但這是日本國內不承認的證照，所以如果不是在外資企業裡工作就沒有意義。因為我是到日本的會計事務所工作，所以完全派不上用場。

接下來，我換到超商本部工作時當過店長，這是高中工讀生和外國人都能做的工作。後來換到外資顧問公司工作。這裡很注重邏輯思考能力與溝通能力，是個專業知識和證照幾乎派不上用場的世界。獨立創業後我開始的工作，僅僅只是個人感興趣的資產運用與不動產投資，因為興趣而創業，就只是憑興趣成立的事業而已。

現在的我也以寫書為業，但我根本沒受過寫作訓練，創業前，也是因興趣開始的電子報，是我書寫能力的起點。而本書與過去的系列書寫關於人心的問題，但我既不是心理學者也不是精神科醫師。只是以因為興趣開始的寫作能力，並以門外漢的觀察與分析能力為基礎而已。

就像這樣，我真的沒有什麼可以拿來自豪的東西，但我擁有超越一般人的自由與經濟能力。

正如同心理學家阿德勒（Alfred Adler）所說的，「問題不在於人擁有什麼，而是在於該怎樣使用擁有的東西」。就算看起來什麼也沒有的人，其實也擁有些什麼，問題在於要在哪方面、用怎樣的形式活用擁有的東西而已。但許多人覺得思考這些問題以及去嘗試錯誤很麻煩。要哀嘆就先等到做過許多嘗試後再來，首先試著行動看看吧。

13 別再煩惱「學歷」

無法放下的人　認為「自己是價值很低的人」而感到低人一等。
順利放下的人　在能發揮才華的領域中，創造出價值甚高的成果。

學歷不等於一個人的價值

在過去大學學歷相當稀罕的時代，聽說不少人對自己只有高中學歷感到自卑。而近年大學升學率變高，大學學歷變得普遍，變成Ｆ段大學的人會對自己學校排名在後段感到自卑。

自卑是相對的東西，不僅是Ｆ段，Ｂ段也會對Ａ段感到自卑，大家都會對比自己高階的等級感到自卑吧。

當然，Ｆ段學校的社會新鮮人找工作時比較不利，聯誼時才一說出大學名字就會看見對方（特別是女生）倒退三步，別人介紹自己時說出「畢業自〇〇大學」就會聽見竊竊私語，確實有許多讓人感到自卑的要素。大概因為如此，有人會考入知名度與難度高的研究所當成最終學歷，也就是「洗學歷」。

那麼，為什麼會以就讀後段學校為恥呢？我想這是源自「不會讀書＝價值很低的人」的想法吧。

用學校程度來評斷一個人其實很荒謬

冷靜想想，大學代表的程度，不過只是到十八歲春天為止的「學力測驗」的結果而已。也就是說，**大學入學考試的結果只是十八歲（應屆考生）前所累積的紙上學習的成果，和第十九年之後到第一百年為止可以累積的厚重分量相比根本微不足道。**首先要好好認知到這一點。

思考能力與抽象化能力還不成熟的十多歲世代能獲得的能力、能發揮的能力，排除部分天才運動員與天才學生之外，其實並不多。但**出社會之後，能辦到的事情的**

廣度與深度都會擴大。

製造客機、新幹線、高速公路、石油化學產品等東西的是二十多歲到六十多歲的大人，且大半都是普通人而非天才吧。公司，特別是中小企業的經營者大多五十多歲到七十多歲（根據東京商工調查，二〇一八年全國公司經營者的平均年齡為六一・七歲），這是個營業額更勝學歷的世界。

到此應該可以理解，根本不需要拘泥於十八歲前累積起的微小遺產啊。

就像剛才提到的「學力測驗」，人類還有其他領導能力、創造能力等用測驗無法測量出來的能力；以體貼、充滿愛的方式與他人、異性建立良好關係的能力也是如此。而這些才真正會大幅影響人類的幸福。

所以說，**明明是成人後能達成些什麼才更加重要，用學校的程度來衡量一個人的價值真是太荒謬了**。

自己該在哪個領域中發揮才華呢？

脫離學歷自卑的其中一個方法，就是盡早找出該在哪個領域發揮自己的才華。當然，中途改變或擁有多個領域也完全沒有問題，但希望大家隨時都要掌握「能發揮自己價值的是這個領域」的中心價值。

舉例來說，沒有哪個漫畫家會四處宣傳自己是哪間美術學校或專門學校畢業的對吧。讀者也是，應該沒有人會因為在意人氣漫畫《航海王》作者尾田榮一郎是哪間學校畢業的，而判斷要不要買他的漫畫吧。漫畫家受到評價的基準為「自己畫的漫畫是否有趣（也就是有沒有銷量）」，明明賣不出去還只會誇耀「我可是東京藝術大學畢業的耶」只會讓人笑掉大牙。

另一方面，沒有名氣的音樂家，往往會強調自己畢業自東京藝術大學、〇〇音大、△△音大，或有強調「我師事於哪位老師」的傾向。明明有名氣後，這些事情根本沒人在意。不對，正因為沒有名氣，如果不這樣說就無法保住自尊吧。

強大的格鬥家平常溫柔善良，這是因為他們把力量放在競技場上，不覺得需要在日常生活中誇示自己的強大。藝人與廚師也是如此呢。

要創造出怎樣的價值根本不需要依賴學歷，只要能創造出有價值的成果，誰也不會去在意學歷。也就是說，盡早找到自己能發揮才華的領域後，就能知道學歷以外的基準更重要，也就能消除自己的學歷自卑。

14 別再煩惱「外貌」

無法放下的人　與他人比較而沒有自信。
順利放下的人　能從多方面評價他人的魅力與自己的魅力。

會比較外貌是因為「評價他人的指標」太少了

有人會因為自己的外貌比不上人而煩惱，或因為身高太矮、身材太胖等理由而對自己沒有自信。

如果這發生在多愁善感的十多歲到二十五歲之前，多少算無可奈何吧。因為這個年齡與他人相處的經驗尚淺，評價他人的指標還太少。因此只能從外表、考試成績或運動能力等，和他人比較時容易看出優劣的項目來判斷人。所以容易使自己在與他人比較後感到自卑，或有過度在意外貌的傾向。

我自己國中時，也因為滿臉痘花而對自己的外貌感到丟臉、煩惱。但是，隨著長大成人、經驗變多後，**就會明白人的魅力是更多面向的**。

舉例來說，除了溫柔與可靠之外，在重要局面做出決定而不逃避的能力、能說出關心話語的體貼、不會因為一點小事生氣的從容等，我們會開始重視起成熟大人會有的言行舉止。

不管是怎樣的帥哥，到了三十歲還講話沒談吐、看起來相當沒有深度，正常的異性都會敬而遠之吧。

也就是說，過度在意外表的人，這些人評價他人的基準可能還停留在十多歲的年少時代，完全沒有升級。我們應了解到，**評價人類的標準是複雜多樣的，外貌只是其中一項指標而已**。

我是在大學時代才察覺這件事。一個比我小的打工夥伴向我告白後開始交往，某天我問她：「有很多帥哥，為什麼是我？」她對我說：「因為你說話的方式很溫和。」我還記得我聽到時相當開心，在這邊放閃真是不好意思。

在那之後，我就開始不太在意自己的容貌了。因為我有點暴牙，所以也曾經猶豫要不要矯正，但也看開不在意了。

因為我理解了，想受到異性歡迎，本質上更重要的是要體貼與同理對方（在這之前，我先前失戀時看完整套《城市獵人》漫畫，看到主角後，心中出現一個受眾多女性喜歡的男性形象，此時也讓我十分認同了）。可以很早就發現這件事情真是太好了。

執著外表只會讓視野狹隘

雖然這樣說，光憑這些道理可能還是很難讓人接受吧。請試著週末到市區的咖啡廳，觀察在外面行走的情侶如何？

如此一來會立刻發現，醜男也能交到女朋友；或明明就是個禿頭胖子，卻有老婆也有小孩。也可以看見女高於男的情侶挽手走著；或非常平凡的女生和帥哥走在一起。

容貌平凡的人也能結婚，試著思考其中理由後，就可以明白**容貌並非絕對的條件**。儘管如此，為什麼有人會如此拘泥外貌呢？這是因為他們將容貌視為唯一的評價標準，而看不見還有其他標準。越是執著，越容易出現「只有這個」的想法，視野也變得狹隘。

女性可能有點不太一樣吧，但在男性中，不受歡迎的人就算是瘦子一樣不受歡迎，受歡迎的人就算是胖子仍然很受歡迎。胖子不受歡迎的理由，實際上並非是因為胖（瘦下來而變得受歡迎的人，肯定是因「變得有自信了」等其他的理由）。即使如此，如果視野太狹隘就容易陷入「只要我瘦下來肯定會受歡迎」這類仔細思考就知道很牽強的想法中。

而常見於女性的「不想要變老、想要保持年輕」的願望也是類似。因為將評價基礎置於「年輕」上，會出現「年輕為善、變老為惡」的想法。如此一來，女性就會忽視最重要的應該是內在魅力，以及努力提升自己。所以過度在意外表的女性才會令人感覺相當沒內涵。會有那麼多明明很帥卻很膚淺的男性，應該也是因為認為自己還算受歡迎，而不覺得有必要在其他部分努力吧。

雖然不能說因為如此，但我想要建議大家，不以與年齡對抗的「抗老」為目標，**而是以能被他人說出「真想要像那樣變老呢」的「順老」為目標。**

15 別再「忌妒」

無法放下的人　折磨自己，也會與人產生摩擦。
順利放下的人　修正對自己的評價，專注在能力所及的事情上。

忌妒心強烈的人非常自戀

忌妒心強烈的人，同時也是非常自戀的人。自戀是珍惜自己，認同自己的感覺。每個人當然都有自戀情緒，因為那與自我肯定感、自我效能感、自尊心關係密切，這是不可或缺的情緒。但過度的自戀，會轉變為強烈渴求認同與關注的欲望，甚至會帶來強烈的忌妒心。因此會出現折磨自己、與周遭產生衝突等壞處。

過度自戀的人因為對自己的評價過高，容易對身邊的人給自己的評價與對待不滿，並試圖讓自己看起來更為巨大。自己應該得到更好的評價、身邊的人應該要更重視自己、自己應該是一流菁英才對、自己應該要很幸福才對……，因為給自己過高的評價，但現實並非如此，就會感到不滿。

但他的自尊心不允許降低自己的評價。想對自己說自己並非無能者、想對身邊的人展現這一點、想要確認以圖安心、想被承認，這些情緒會強化對他人的忌妒，進一步轉變為挖苦、壓迫他人、騎在他人頭上等行為。或者會因為過度拘泥崇高理想的想像，對遠遠不及的自己感到厭煩，而說出「反正我就是這種人」，變得相當自卑。

其他還有「我只是還沒有認真起來而已」、「我也是想做就能辦到啊」、「我才沒興趣」等，從一開始就逃避努力的人。這類人沒有自信，自尊卻非常高。雖然不想努力卻也不想被人瞧不起，其實早就已經放棄了但又不想被看輕。明明不如自己所想的有能力，卻無法忍受被身邊的人看扁。

容易有忌妒心的人，是不想努力但也不想降低自我評價的人，就在自我評價和他人給予的評價永遠相差甚遠的狀況中，對他人因成功而獲得讚賞不停感到忌妒。沒有忌妒心的人則會面對現實，慢慢修正自戀的形象，也就是修正對自己的要求水準與評價來讓自己接受。做不到這一點的人，我想應該會感到很痛苦。

修正自我評價就能脫離忌妒

我過去也因為「自己應該是個有能力的經營者才對」這個**自我印象與現實間的差距而痛苦**。

心裡想著「我明明這麼努力了，為什麼員工都不明白呢？」「我明明對他們那麼好了，為什麼他們還滿嘴不平和不滿呢？」這些情緒累積後，就會變成「錯不在我，而在員工身上」的想法。就這樣，偏離軌道的自戀會變成卸責的思考，想要把罪怪在他人身上。

想要擺脫忌妒的苦惱，就需要**「修正自我評價」、「為了消解忌妒而努力」，或者「兩者都要做」**。這項作業相當困難，需要先理解忌妒是因為有什麼事情不順利，或是哪裡出現問題，並試著分析理由。只要能做出分析，就能看見解決方法。

想要修正自我評價，我推薦大家可以把現在的自我評價與現實對比。

首先在紙上寫出「希望自己可以是這樣」、「我應該是這樣的存在」這些自我評價，接著與此對比，列出現實的狀態以及你心中的不滿。接下來，請認清「現實是那樣、自己是這樣」，接受現實與想像的差距，並找出自己該做哪些努力。也就是「**積極地放棄自己**」。

實際的做法為「**謹慎地去做自己能辦到的事情**」。因為**成就感與實際感受到自己有所成長，可以滿足一定程度的自戀**。總之，先全神貫注在眼前自己擅長、喜歡的事情上面。特別推薦大家可以獨自作業的事情，這類事情可以默默努力，也不容易受到周遭反應的影響。

Chapter 4

職涯

16 別再煩惱「得不到稱讚」

無法放下的人　不管在哪家公司都會抱怨相同的不滿。

順利放下的人　做出適當的努力以獲得好評。

說出「我明明這麼努力耶」其實很可笑的理由

常會聽到「在公司裡不被認同」、「我明明這麼努力了，上司卻不肯給我好評價」、「那傢伙比我還差竟然先升職，公司也太沒眼光了吧」這類的煩惱、哀嘆或不滿。

如果你心裡有底，我們就分成「**當事人是廢柴的狀況**」，以及「**上司和公司是廢柴的狀況**」這兩方面來思考吧。

首先是「當事人是廢柴的狀況」。說起來，大家需要先認知，**工作表現是由他人來評價，而非自己評價自己**。如果是興趣，「自己還頗努力的呢」、「我進步非常多呢」這樣的自我滿足完全不成問題，但工作基本上是為了自己以外的人而做。

舉例來說，業務就是為了服務客戶而做，辦公室行政工作就是為了上司及公司員工而做。而自己的工作，就是做出讓那些人開心的成果。

如果出現「我明明這麼努力耶」的想法，可以說你的工作觀一百八十度搞錯了。首先，如果你不改變這個認知，不管到哪家公司都只會重蹈覆轍，永遠在抱怨不平、感到不滿。

做出結果後，你的努力才會被認同，結果不好卻想要別人認同你的努力，這有點困難吧。**你努力的方向和做法不對，才會讓結果不好，這種不適當的努力也無從稱讚起吧。**

這就跟職業棒球選手說出「我明明每天都不停揮棒，如此努力啊，教練不願意認同我也太奇怪了吧！」相同意思。打擊者被期待的就是站上打擊區時能上壘、能得分。

要求「提高時薪或月薪」也與此類似，如果你能證明你比其他員工對公司的利益做出更多貢獻那就無話可說，但如果只是自說自話，公司只會覺得你很煩。真正得到認可的人，如果說出「我要辭職」，立刻會被公司以「我明白了，那你想要多少薪水？」挽留。

另外，像「比自己差勁的傢伙竟然先升職」這類的狀況，其實**升職的人可能在背後做出了許多你沒看見的努力**。所以在你忌妒之前，先試著去請教對方「你覺得你是哪一點被認可才獲得升職的呢？我也想要接在你後面升職。」或許也有人因為不甘心而問不出口，但那個自尊可以替你加薪嗎？反而只是個阻礙吧。

或者是「明明比較業績，是我更優秀」的狀況，此時就必須**先搞清楚「什麼才算優秀」的評價標準**。舉例來說，公司是以銷售額來評價，還是以收益率、新客戶簽約的數量、指導後進的能力或領導能力呢？如果不去向上司確認評價標準就無從知道。

因此，**如果你對自己得到的評價與待遇有所不滿，可以找上司談談**。人事考核是上司的工作，也是公司給上司的職責權限，所以上司也有說明責任。**可以試著直接請教上司「我有哪方面不足呢？」「我需要再加強哪方面的能力才有辦法獲得好評呢？」**

如果其理由有明確的根據，且你也能夠接受，那最好。試著依上司的建議努力看看。相反地，如果上司打太極或搪塞你，不願意好好和你對話，或是他的說明缺乏邏輯讓你無法接受，那這位上司是廢柴上司的可能性極高。

廢柴上司最常見的就是偏心。如果真的是上司偏心，那反而要憐憫因此得到地位的同事或晚輩。因為他們將得擔負超越自己能力的工作，很有可能做不出成果因此被壓垮。

找上司的上司商量，尋求協助

接下來討論「上司或公司真的是廢柴的狀況」。如果想要確認這一點，就試著去找上司的上司商量看看。

試著求助：「我詢問上司是根據哪些方面來考核我，但我沒有得到能讓我接受的確實回答。因此我不知道自己該怎樣努力或鑽研，該提升哪方面的能力才有辦法對公司做出貢獻，我有點傷腦筋。」如果位階更高的上司能安排更適當的場合，且可以讓你得到能接受的說明，那是最好。

如果位階更高的上司不願行動，或仍然隨便帶過不當一回事，那你就能做出公司本身是廢柴的結論。此時就該考慮換工作，思考自己該怎麼走下一步比較好。因為如果公司本身是廢柴，公司的前景相當危險，不僅你無法成長，與公司一起沉船的可能性極高。而且如果你很有能力，不管到哪家公司都能發光發熱。

17 別再「對公司政策不滿」

無法放下的人 因為不平、不滿而浪費人生。
順利放下的人 能從「叛離」、「抗議」、「忠誠」中做出選擇。

要留在公司還是要辭職全是你的自由

常聽到有人抱怨「公司的規定也太蠢了吧」、「公司超血汗」等不滿。在此有個**「要是真的有那麼多不滿，那就辭職吧」**的大前提。因為要選擇在這個公司工作還是要辭職，完全是個人的自由。

這麼一說後，就會聽見「就算你這樣說，我也找不到其他工作，所以只能在這裡工作啊」的聲音。但並不是這樣，在「不設定條件」的情況，工作四處皆是啊。如果你真的那麼痛苦，不管是先去打工還是什麼，先離開那家公司對精神健康也比較好。

但說起為什麼無法辭職，這是因為其他條件（薪水、正式員工的職位，或換工作太麻煩等）勝過對公司的不滿。於是便做出了「不辭職，維持現狀就好了」的選擇。「辭不了職」也是一種幻想。雖然因僱用契約內容不同而有異，但基本上來說最晚在兩週前將辭呈寄送到公司即可辭職。而且公司阻止員工辭職，有可能觸犯勞動基準法。在擁有選擇職業自由的現代社會，沒有人能把誰束縛在特定的公司裡。**如果不想做了辭職就好，根本沒有大吵大鬧的必要。**

「叛離」、「抗議」、「忠誠」或「變色龍」

世界知名政治經濟學者赫緒曼（Albert Otto Hirschman）曾說過，**成員與組織間的關係可分為「叛離」、「抗議」、「忠誠」三種。**

「叛離」是指如果有不滿，或感覺對自己沒有意義或價值，就迅速離開組織。「抗議」是指對上司、高層提出建言，或透過內部舉發，希望可以改革或活化組織，促使組織朝期待的方向改變。「忠誠」是對組織有「loyalty」（類似愛社精神），抱持想與組織同化或關係緊密的態度。

而我認為還有一種關係是「變色龍」，也就是既沒有勇氣叛離或抗議，又沒有忠誠，以陽奉陰違的態度留在組織裡，也就是所謂的社畜，但這只是浪費人生而已吧。所以，**如果你對現在的公司沒有「忠誠」也沒有「抗議」的勇氣，那就選擇「叛離」就好了**。

如果你對公司多少有點「忠誠」，但對公司的做事方法有強烈的疑問，希望公司可以變得更好，就要鼓起勇氣「抗議」。

提出諫言時不是用「這邊不行」這類批評的說法，而是像「我認為這邊改成這樣應該會更好，其根據在於……」如此全盤說出自己的提議，且需要提出邏輯性的證據來說明為什麼認為這樣比較好。比起口頭上說明，統整成書面報告應該會更好（在書寫過程中，可更明確看出自己的要求是否合理）。

如果這樣做仍然覺得無從改變，在此時轉換成「叛離」就好了。不管選擇哪個方法都是個人自由，沒有一個人可以阻止當事者的意志。

18 別再煩惱「無法加薪」

無法放下的人　在沒有希望的環境中不停哀嘆。
順利放下的人　理解自己的環境，獲得最適當的市場價值與年收。

即使是正式員工也無法加薪的理由

薪水太低（或無法調升），似乎是泡沫經濟破滅之後許多人共同的煩惱。但在今後的日本，應該很難期待薪水能再提高，我曾經也是付薪水的一方，深有感受。

而且說起來，在少子高齡化的社會中，消費額最高的勞動世代人口減少，消費額較低的高齡者增加。應該很少高齡者會去買房子或高級車，或是去法國餐廳吃飯吧。

由於人口不停減少，不僅經濟成長率，連企業的營業額也是持續下滑。也就是說，**在日本針對勞動世代做生意的企業，幾乎全暴露在夕陽化的風險中，企業如果**

不賺錢，當然無法調升員工薪水。

而且，產業、公司的利潤結構以及職種等因素，在某種程度上也決定了收入。舉例來說，公司一年的營業額是十億日圓，扣除進貨、辦公室房租等必要經費後為三億日圓，如果有一百位員工，簡單計算只能付得起一個人年收三百萬日圓。在這之中就算能拉出差距，也很難讓自己拿到一千萬日圓吧。

而站在經營者的角度來看，也得要考慮其他員工的士氣與不公平等影響，無法只給特定的個人特別待遇。除非營收上升，但正如前面提到，這個希望很渺茫。且要是裁員，就會讓留下的員工負擔大增，所以也無法輕易這麼做。

而且調升薪水會是一筆固定支出，當公司業績惡化時會變成沉重負擔。所以一般來說，中小企業的經營者比起調升薪水，會更想要用提供獎金的方式來獎勵員工。

打工族的狀況會更加顯著。舉例來說，應該從沒看過超商或餐廳用時薪五千日圓招募工讀生吧？就算人手再不夠的產業還是有其極限。而且話說回來，時薪制工作不管多努力，年收基本上不會有太大變化。時薪一千日圓工作八小時就是一天八千日圓，工作三百天年收也只有兩百四十萬日圓。一個人能工作的時間有限，所以收入也有限。

薪水取決於公司的獲利結構

另一方面，像建商或保險業的頂尖業務員，多的是年收超過一千萬日圓的人。房子是高單價商品，如果三千萬日圓的房子以獲利三〇％來計算，就有九百萬日圓的獲利。每個月只要成功交易一件，一年就能創造出一億日圓以上的獲利，就算扣除公司的必要經費後，也還有充裕的空間分紅給業務員。

至於保險，雖然商品單價比較低，但獲利率非常高，有累積的效果。因為並非銷售實體商品，一開始就沒有進貨的概念，而且人也不會隨隨便便死掉或住院。因此，客戶支付的保險金幾乎全都是獲利，而且客戶還會持續付上好幾十年。因此在保險業界，即使是內勤行政人員的年收也超過一千萬日圓，年收超過三千萬日圓的業務員比比皆是，也是理所當然吧。

也就是說，在銷售獲利率高或市占率高的公司、競爭對手少與地位獨特的公司、依個人努力給薪的公司工作，調漲薪資的可能性比較高。相反地，在年功序列的公司工作就要多注意。

舉例來說，像是報社或電視台，年長員工待遇很好，年收超過一千萬日圓相當普遍，因此吃虧的就是年輕員工及承包商。年功序列是成立於世代間不公平的架構上，如果你具有年長者的地位，那就不需要擔心，但如果你是年輕族群或在承包商工作，調薪的希望就很渺茫了。

雖是這樣說，就算你現在處於安全地位，想要再更上一層樓的可能性很低，而且因為年紀大，反而有更高風險面臨裁員的可能性。實際上也常聽到「光有職稱，薪水不停下降」，或是「現正受理四十五歲以上員工申請提早退休」等事情。

調升薪水的可能性

如果你對自己的薪資不滿，就要**先確認自己到底是在哪種獲利結構的產業**工作、**公司在業界內的地位以及將來的展望**等事情。另外，也要了解自己在公司內的地位。薪資調升和獎金是由哪些要素決定，如果是看成果分紅，就要了解怎樣的成果可以得到哪種比例的分紅。考慮這些之後，再判斷「有」或「沒有」調薪的可能性。

如果沒有，想要提升薪資水平，就只能換工作，換一個公司、產業或是職種。但如果你的能力沒有特別得到認可，有可能因此讓薪水越變越少。特別是在薪水照年功序列調升的公司工作的人，換工作後薪水普遍都會下降。

總之，可以先去找人力仲介公司的轉職顧問師商量，或是到獵頭公司註冊，根據他們向你介紹的轉職資訊，你可以大概抓到自己的市場價值。

19 別再煩惱「不知道自己想做什麼」

無法放下的人　無法選擇公司、無法湧現動力。
順利放下的人　全心投入在眼前的工作上，找到目標與課題。

只要全神貫注在「眼前的工作」上，就能看見下一個目標

不喜歡現在的公司可以換工作，但也會有人哀嘆「我不知道自己到底想做什麼」、「沒有想做的工作」。

這樣的人，很有可能孩提時代是在被壓抑欲望、興趣、好奇心的環境中長大，特別是從幼年期就只為了考試拼命念書的人，很可能聽不見深藏在自己內心深處的心聲。

但現在哀嘆幼年期也於事無補，在此向大家介紹一個可以立即辦到的對策，那就

是「全神貫注在眼前的工作上」。或許你會想「就這麼簡單嗎？」但這相當重要。只要拼命全神貫注在特定事情上，很不可思議的，就能看見下一個目標、下一個任務以及下一個機會。

在找工作（或換工作）時也是，不知道自己想做什麼而無法選擇公司的人，或沒什麼就業幹勁的人，靠直覺選擇「這家公司應該可以吧」、「感覺自己也能辦到」的公司後，只要能專注在工作上，就能知道自己「這能做到／做不到」、「這做起來很有價值／很無聊」、「這我擅長／不擅長」等事情。

只要理解後就能知道「接下來該做什麼」，例如要在這家公司往上爬，還是要留在第一線，或是要提出調部門的申請，甚至是換工作比較好等事情。

找到想做的事的三個重點

即使如此還是找不到「想做什麼事情」的人，在此提供大家三個建議。

第一個是「**增加行動量**」。

說出「沒有想做的事情」的人，是因為經驗值太少，這些人有逃避全新挑戰的傾向。因為行動不足，所以不清楚自己擅長什麼、不擅長什麼，也不清楚社會上有哪些職業。沒有實際做做看，就不會知道什麼有趣、什麼不有趣，或者自己適不適合。

不管是工作還是興趣，都是要在接觸後才會得到「啊，我可能喜歡這種東西」、「我可能很適合這個」、「這好像有點不太對」等感覺。所以只要有點興趣就去嘗試看看，就算沒有興趣，別人邀約時也稍微試試看。總之盡量去嘗試那些未知的事情。

接下來是「**在日常生活中要有意識注意會吸引自己的事情**」。

日常生活中，有意識注意「自己會想要做做看這種事情嗎」、「這種事或許也很有趣呢」，對有點吸引你的事情敏感一些。長時間累積後，絕對會迎接強烈感覺「原來如此，我原來是想要做這種事情啊」的那天到來，會遇見「啊，我想要嘗試看看這種事」。

但沒有人能知道那天何時到來，每個人都不同。只要持續有意識注意的話，總有一天會來的，當然，也可能不會來；但反過來說，要是不去注意，那天永遠不會來的可能性更高吧。

最後，在這個前提之上，就是「**靜待時機成熟**」。

拿創業來舉例，如果把「總之就是要創業」當成目標而慌亂開始，大抵上都會失敗。加盟沒什麼興趣的連鎖商店，營業額無法提升就沒了幹勁，很可能因此關店。如果沒辦法讓「我想做這件事」的熱情達到沸點，只要稍微撞壁就會受到挫折。

所以「查了很多資料也做了很多事情，但感覺還看不清」的人，就先當作時機尚未成熟，靜靜等待時機到來吧。

20 別再煩惱「要選擇大公司還是新創公司」

無法放下的人　依賴公司環境，遲早走進死胡同。

順利放下的人　可選擇能發揮自己實力的工作。

大公司和新創公司，應該選哪一邊呢？

站在轉職或就職這類人生十字路口時，我想應該有許多人會煩惱「到底該選哪一邊」。就我的經驗來說，結論是「選哪個都沒太大差異」。不管選擇哪邊，做得順利的人就能得到滿意度頗高的成果，而做得不順利的人，不管選哪個都只能得到馬馬虎虎的成果。

所以假設真的迷惘了，我認為也只能用「自己要在那裡做什麼？」、「在那裡可以做自己想做的事情嗎？」等以自己為主體的觀點，用「是否感到期待」的直覺來做選擇。

迷惘的人，極有可能產生「環境或許會改變我吧」、「環境應該會給我些什麼吧」、「（雖然毫無根據）或許會有什麼好事情吧」的想法，而想要去依賴外部環境。

舉例來說，像「只要進入大公司，或許就能負責很厲害的專案，或是能做些什麼大工作」、「進入新創公司工作的話，什麼工作都得做，或許年紀輕輕就能當上主管」等「別人或許會為自己做些什麼」這種毫無根據的企圖。

這就和在職涯上撞壁的人，跑去國外留學或去印度旅行的心態很類似。毫無根據地抱持「只要去了那裡或許就能有所改變」的想法，期待自己脫胎換骨。但最終，當下雖然可以暫時逃避，回國被迫回到現實後，就會對自己和周遭環境毫無改變感到錯愕。

不僅如此，因為沒有明確的目標與戰略，只是靠著一股衝動跑出去，人事單位的人或負責面試的人立刻會看穿這是逃避式的旅行或留學，甚至可能變成再就業的障礙。

擁有明確的「自我職涯概念」

為了不出現這種狀況，當你在職涯選擇中有所猶豫時，首先必須要擁有明確的「職涯概念」。舉例來說，需要徹底搞清楚，**自己到底在做什麼事時會有充實感，活用這份適性來釐清做什麼樣的工作是自己最能接受的**。當然這會隨著知識與經驗而有所改變，所以必須隨時持續思考這個問題。

以我為例，我想我第一份工作之所以會失敗，是因為以「總之，我擁有日商簿記檢定一級的證照，要就業就找會計事務所吧」這種隨便的理由做選擇。接下來換工作時，為了洗刷恥辱，選擇「優秀的人不會去的、還在發展中的公司」，再接下來選擇「能夠徹底鍛鍊自己的工作」。

同時，也要深入了解自己的個性與傾向，**並非期待環境可以為自己做什麼，而是要思考自己在怎樣的環境中才能用最真實的自己工作。**

我很怕生也不擅長主張自我，所以比起人際關係較緊密、人數偏少的新創公司，每個人的個性容易被埋沒的大公司能讓我過得更加自在。中小型企業的人際關係比較固定，而我很容易在人際交往中挫折，所以有職務調動、人際關係容易重頭來過的環境更適合我。

如果沒有這類**「職涯概念」，就無法以自己的價值觀及特質為基礎來選擇職業**。如此一來，就容易依公司名字、薪水、名氣、氣氛等他人的價值觀來選擇工作。以大學生為調查對象的「嚮往企業排行榜」就是典型的例子，沒特別理由，就是有名、可以向身邊人炫耀、福利很好、很穩定……這類的選擇方法。

但這只是在「選公司」而非「就業」，可能會導致在做一些自己不想做的工作而感到不滿、三年內離職的結果。若只以環境或條件來選擇職業，遲早走入死胡同的可能性極高。

在煩惱中找到「自己能接受的工作」

雖然我一副了不起地說這些話，但我當然也曾經迷惘、煩惱過。大學時代的目標是「公認會計師」，先前也提到我在此挫折，沒有考上證照，還因為是在大四夏天應考，就業活動晚了大家一大步，就在沒找到工作的狀況下畢業。

畢業之後，先當了一陣子的飛特族，我選擇打工的基準是「可以單獨默默進行的工作」以及「全新人際關係的工作」。正如我剛剛所述，我很怕生且內向，非常不擅長處理人際關係。因此我選擇「大樓清潔工」或居酒屋的「新店開幕工作人員」的工作。前者是可以單獨默默進行的工作，而後者是我不需要介入早已建立好的人際關係中。

之後好不容易進入會計事務所工作，但才剛進公司就頻繁出現計算錯誤，且不管確認幾次都無法完美無瑕。結果很快就被評價為「派不上用場的傢伙」。話說回來，我個性頗粗枝大葉，本來就不適合「要算到一元不差的細膩工作」。

每天過著出錯被罵，下班後還被叫到居酒屋繼續教訓的生活。壓力大到早上起不了床，因此遲到又被罵得更慘。我完全失去活力，也越來越不說話，差一點就要得憂鬱症了。

接著在那一年後，我又因為出錯被所長和上司叫去罵「你到底要怎樣！」我只能有氣無力地回答：「是……我要辭職。」

接下來選擇了超商業，我被三家公司錄取了，那麼要選擇哪家呢？我最後選擇了最晚開業的在東京證券交易所市場第二部上市的公司（之後變成第一部上市公司）。這是因為最晚開業，所以工作的程序尚未完全固定，我想著我自己是否也能做出什麼貢獻，為了要拂拭上一份工作的悲慘感，我想著，如果選擇工作方法還在發展中的公司，而非工作方法已經完全固定的公司，我應該也能生存下來吧。結果這個選擇選對了，我越努力就越能做出成果，也得到了好評價。

接下來換工作時，我選擇經營顧問的領域。我被幾間公司錄取，但我不是考慮自己的年資或年收這類的，而是認為只有在戰略類的公司可以鍛鍊自己，就算年收下降，就算位階和社會新鮮人一樣，我也選擇了那家公司。

剛進公司時遲遲跟不上，不知道何時會被開除而不安，即使如此還是咬牙撐下去，逐漸開始得到一定的評價，當我離開公司時，我的薪水已經是剛進公司時的兩倍了。

當然，不管是超商還是顧問公司，如果我選擇了其他公司，或許會出現完全不同的結果（可能比現在更成功之類的），但人生無法同時選擇兩條路，所以我也無從得知。但不管選擇哪條路，我覺得我應該都能做出一番成績吧。這是因為，不管選擇的是哪個工作，我都會選擇自己能夠接受的工作。

回到本節開頭的話題，「沒太大差異」的意思就是，**只要你選擇能活用自己的適性、做自己能接受的工作，就能感受到一定程度的幸福與充實，得到好的結果。**

21 別再煩惱「想要創業，但害怕失敗」

無法放下的人　把創業當成目的，搞混手段與目的。
順利放下的人　把自己的想法具體成形，更有創造力。

創業「容易成功的動機」與「容易失敗的動機」

正在猶豫要不要創業的人，我建議你試著重新審視「為什麼想要創業？」這個自己的「動機」。創業的動機有很多，觀察身邊的創業者、準備創業者後，我發現有所謂的容易成功的動機與容易失敗的動機。

首先，容易成功的動機包括這些模式。

從自己覺得「這樣做比較好吧」、「這樣也太奇怪了吧」這類問題意識開始的模

式，問題意識會接著發展成「那麼，做出這樣的商品、服務如何呢？」我認為這應該是最常見的成功模式。

其次，是**「我因為這件事情很傷腦筋，能不能靠你的力量解決看看啊」這類請託而創業的模式**。這常見於自由接案者，做著客戶委託的工作時，又有其他人來委託工作，最後規模越變越大。

另一方面，**容易失敗的動機模式**也有幾種典型。

那就是「**創業本身就是目的**」、「為了創業，我想可以做這樣的生意」這般把手段和目的弄反了的模式。為什麼這容易失敗？是因為他比起顧客需求，更看重想要創業的心情，讓視野變得狹隘了。所以容易被「這個商品、服務絕對有需求」這毫無根據的想法控制。

舉例來說，有個人從「得要防範高齡者孤獨死才行」的想法中，想到「要建造一個大家一起看顧高齡者，讓高齡者可以安心迎接人生終點的設施」。但是，當事者可能很能接受自己的死法，誰規定孤獨死一定就是不好的呢？當事者真的想在大家簇擁下迎接人生終點嗎？或許也有人不想要讓別人看見自己死亡時的樣子吧？

創業競賽中常常可以看到這類「強迫他人接受自己想法的商業計畫」，這種創業者的想法遠遠跑在前方、不顧消費者需求的商業模式，幾乎都會失敗。這種時候，不應為了構想（實為妄想）而煩惱，而應先試探市場有沒有需求，或者試著詢問相關人士「會願意掏錢購買這項商品嗎？」

「因為我不想要當上班族了」、「因為我討厭公司」這類動機也是異曲同工，且焦躁感容易蒙蔽看清商場的眼光。因此，就連不是自己真的想做的加盟連鎖也會感覺「這或許能試試」。特別是想要辭掉工作、想得到自由的渴望，會剝奪思考能力，容易產生「這個生意肯定能成功（繼續思考太麻煩了，希望這能大賣）」的想法。

當然，每件事都有例外，還是有因此大獲全勝的人。不過這真的只是例外，他們的成功幾乎在幾年內就會消失。由於成功案例少，因此看起來光鮮亮麗，在媒體吹捧下，也撩起了大家各種夢想，但這僅僅冰山一角。沒有人想要談論失敗，媒體和新聞也視其毫無價值，不可能報導。

我創業超過十五年，看過非常多人來來去去，回去當上班族、就此消失的人真的相當多。

只要利用網路就能簡單創業

這樣說完後，大家可能以為我對創業抱持消極態度吧。但我基本上對創業很積極，因為自由度和充實感是完全不一樣的。正如前面所述，我在當了十年多的上班族之後獨立創業，以不動產公司為首，經營過好幾家公司。

而我現在是單獨工作，過著不需要通勤，也不需要在意睡覺和起床時間的生活（正確來說，因為要接送小孩去幼兒園，所以作息還是有一定程度的規律）。而我的工作就是寫寫文章、去演講，或是接受雜誌等的專訪。我一天寫作的時間大約兩小時，如果時間允許（基本上都很閒）就會接下演講及專訪的委託，非常自由。

那麼，為什麼我可以過著這樣的生活呢？這全都得歸功於我的收入型態。

我算是個作家，隨時隨地都能執筆寫作書籍或專欄文章，因為可以透過網路交稿，也沒有通勤必要。我也從事網路生意、網路廣告或聯盟行銷這類東西，就算放著不管也能獲得收入。另外，我也有在做投資，除了從以前就接觸的不動產投資與太陽能發電投資外，也有做外匯、股票、虛擬貨幣等交易。

這些共通的要素就是幾乎都以網路為基礎。**只要活用網路，就能不去公司、不需和任何人見面、不僱用員工也不租用辦公室，自由自在地賺錢**。雖然不動產和太陽能發電是實體物品，但透過郵件與管理公司聯絡就能解決，太陽能發電也能靠遠距監視系統監視。而且靠手機軟體就能「幾分鐘就賺一萬日圓」，這類事情在以前完全無法想像。

我的創業同伴，也改變以前開設座談會招攬顧客的方法，現在透過發送影片或營運線上沙龍等形式，不需要走出家門也能對全世界發送訊息。他說他這樣做年收兩千萬日圓。其他投資家同伴也幾乎全窩在家裡，我們最近都只透過通訊軟體聯絡，聽說有人透過線上交易股票已經累積一億日圓以上的資產，現在光配息一年就有數百萬日圓。

這對過去的勞動觀、人生觀掀起巨大革命，可以說人類得到了一種強大的武器吧。

工作的變遷過程為「labor」（勞動）、「work」（工作）、「play」（遊戲），一般人大致有勞動工作者為labor、上班族為work、音樂家及運動員為play的粗略印象吧。但我自己的想法是「在他人命令下的工作」為labor、「非做不可的工作」為work、「因為想做才做」為play，因此創業這項活動本身全都能列在「play」中。

創業就是把自己「想用這個改變社會」的想法商品化，自己命名、定價、銷售，是相當具有創造力的事情。也就是說，這是終極自我表現的手段，也是終極自我實現的手段。從這層意義上來看，我認為在自己的職業生涯中以創業為目標這件事相當有價值。

Chapter 5

人際關係

22 別再「當好人」

無法放下的人　過度顧慮周遭人事物，讓自己疲憊無比。
順利放下的人　在表達自我意志的同時，也能建立深入的關係。

實際上是以自我為中心的「好人」

在意他人目光、感覺受到社會拘束而生活得很辛苦的人，其實是很自我中心的人。因為這類人最在意的是「身邊的人怎麼看我」，眼中只看得見自己。為了他人勞神費心的人，並不是因為體貼別人才這麼做。只是**以希望別人覺得自己是「好人」，或以不想被討厭為優先，而過度顧慮周遭的人而已**。

健全的人，會最先把自己的意志擺在主軸。先重視「自己想做這件事／不想做這件事」、「自己喜歡／討厭這個」這類意志，在這之上才盡可能去顧慮怎樣才不會給周遭的人帶來困擾。

重點在「盡可能」，人不管做什麼，甚至不做什麼都會造成別人的困擾。配合小小孩慢慢走，或許就會被後方的人罵「慢死了」、「別擋路」。跟別人說「你真厲害耶」，有人會感到開心，也有人會解釋成挖苦。

藝人等公眾人物更辛苦。舉例來說，日本東北大地震之後，前往東北災區幫忙煮飯的人被批評「偽善」、「沽名釣譽」。但如果什麼也不做，又會受到其他批評。

所以說沒有人能百分百受所有人喜愛，反過來說，每個人都可能被誰討厭。世上不存在完全善的行為，每個人都是在對他人造成麻煩中活著。所以我們才能夠容忍與自己不同的人。

話說回來，我們並不是為了他人而出生，也不是為了帶給他人麻煩而誕生在這個世上。**那為什麼你需要如此重視他人的評價而活得那麼累呢？為什麼你自己的幸福感要受到旁人左右呢？**你需要擁有**就算得不到他人給的好評，只要展現出最真實的自己就好了**的心態。

「好人」反而被旁人疏遠

「害怕被別人討厭」的人，特別容易因為人際關係而疲憊。因為在意他人評價、想要當個好人，於是常會違反自己的意志配合對方或服從對方。

但這樣**無法建立起深入的人際關係**。因為不讓別人聽見真心話的人，會讓對方以為「不知道他在想什麼」、「對我很有戒心」，所以讓對方沒有辦法與他深入交往。都已經努力扼殺自己顧慮對方了，不僅無法得到回報，反而還出現反效果。這在拙作《可以善良，但你要有底線不當好人》中也曾經提過，**如果想要建立親密的關係，就必須把「自己是這樣想的」展現出來才行**。

當然，表態自己的意見，就會與想法不同的人發生衝突，但本就不存在完全相同價值觀的人，某種意義上來說也是理所當然。**最重要的是認同「你和我不同也沒有關係」並接受**，只要想「也是有這種人」、「也是有各種不同想法的人」，不需要抗拒也不需要討厭。

另一方面，也確實存在「無法接受與自己不同」這種度量狹隘的人，但這種人不可能對你的幸福人生有任何貢獻吧。所以，早點讓會討厭你的人討厭你，才能減少維持人際關係的力氣，這其實是好事，但「不想被人討厭」的人就是會在這邊煩惱。

說到底，想要消除人際關係上的煩惱，只有下面三個方法：

❶ 維持現狀，自己忍耐
❷ 斬斷關係或疏遠對方
❸ 改變自己的思維

首先，「**❶維持現狀，自己忍耐**」只會讓自己無比疲憊。當然，如果感到疲憊後能獲得超越其上的回報，那也就算了。舉例來說，如果可以得到五百萬日圓的月薪，那你也能忍受上司的職權騷擾吧。但若是沒有超值的回報，不僅無法解決任何事情，還會導致讓精神生病的高風險。這是最需要避開的選項。

「❷斬斷關係或疏遠對方」比起自己積極斬斷關係，採取拒絕邀約、閃躲回應、減少交集等，與對方保持距離應該是更實際的做法。像是從學生時代起就老是想騎在你頭上的朋友或媽媽友，與這些人斷絕關係應該也不會有任何困擾吧。

或許會有人因此感到罪惡感，但那真的是壞事嗎？就算與那個人斷絕關係或疏遠，那個人還有其他你不認識的朋友，你不需要過度高估自己的存在。

而且話說回來，會讓你感覺不舒服的人、得要忍耐相處的人，真的能稱得上是朋友嗎？這真的是理想的關係嗎？如果並非如此，你就該想開，與其斷絕關係才是接近理想關係的正確方法。

讓自己心不在焉，把對方的話充耳不聞

如果無法採取❶或❷，像是工作上的對象或親戚，既不想要忍耐，但又沒辦法斷絕、疏遠關係時，就只能「❸改變自己的思維」，刻意改變自己的接受方法。

舉例來說，要是對方說了什麼挖苦的話，就用「是喔～這樣啊～」、「或許也有這檔事也說不定呢」的方式回應他，左耳進右耳出就好了。想要毫無壓力地做到這件事，在於「**別把對方說的話聽進腦袋裡**」，就是因為把話聽進去了才會感覺受傷、有不好的感受。所以要讓自己處於「心不在焉」的狀態，不去理會他說話的內容。

這需要一點訓練，所以在習慣前可以讓自己的腦袋思考其他事情。當對方在說話時，你就思考「今天晚餐要吃什麼好呢」、「回家之後就來看想追的劇吧」這類晚一點預定要做的事情，如此一來就能輕易充耳不聞。

以我自己為例，我家次男念的幼兒園很神經質，「不可以穿有破洞的衣服」、「屁屁稍微沾到一點便便也不行」、「上學時不可以用抱的，一定要讓小朋友自己走」、「不可以忘記帶毛毯」、「如果比平常早送來學校一定要事先聯絡」、「因為有傳染風險，所以不能帶兄弟姊妹來接送小朋友」、「讓兄弟姊妹在外面等也擔心會遇到事故，所以不行」，家長犯了一點小錯或有點失常也會吹毛求疵地指責。

這令人感到相當厭煩，「別因為這一點小事大驚小怪啊」、「這種雞毛蒜皮的事情無所謂吧」、「這點事情可以更靈活應對吧」，三不五時就會被惹怒。但他們的指責也真的是正確的，讓人難以反駁，而且也無法中斷對話。

此時，只能讓自己切換成阻斷模式。上學時，「是的～」、「是的～」、「那麼就麻煩你們了～」。傍晚去接小孩時，「是的～」、「是的～」、「那麼我們就先回家了～」。於是不管他們指責什麼或是提醒什麼，都能心平氣和了。

23 別再「無法說出心裡話」

無法放下的人　在意他人目光而不停累積壓力。
順利放下的人　可以說出該說的話，並適當處理。

別人怎麼想是別人的問題

我自己幾乎不在意別人怎麼看待我，雖然也會因對象不同而說不同的話，但我基本上想說什麼就說什麼，所以幾乎沒有感到不快或委屈的事情。說起來，**對方怎麼看待我那是對方的問題，而且那是與我無關的事。**

雖然可以想像到「我這樣說完後，對方應該會這麼想吧」，在一定程度上也可以控制自己的言行舉止會帶給對方什麼感受。但依狀況與對象不同，當你把「對方怎麼看自己」與「自己的利益」擺在天秤上時，如果認為自己的利益更重要，就能說出該說的話、堅持自己的主張，帶給自己更大的益處。

不好意思在此要提個有點膚淺的例子，我去居酒屋時大概都會選擇無限暢飲。這種店家大多都採杯子交換制度（上一杯喝完後才能點下一杯飲料），但在飲料上得很慢時，我會故意點兩杯。

如此一來，店員當然會說：「不好意思，我們是採杯子交換制度。」我就會說：「看你們出飲料的速度很慢，而且店員一杯一杯送也很辛苦吧？我直接點兩杯對彼此都有好處，對吧？」話中帶著客訴。

假設因為這樣被當成奧客看待，他們絕對不可能當著你的面說，所以可以不用太擔心。如果店員的態度因此變差，只要別再上門消費就好，還有很多其他的店可去。

過度顧慮對方只會讓自己煩躁不堪

有些家長不太敢向孩子的學校抗議，理由似乎是「不想要讓學校覺得我是怪獸家長」、「害怕孩子在學校會受到不當的對待」。確實是有提出離譜要求的人，但如果你**判斷那是為了孩子的合理要求，不大聲主張只會持續感到煩躁不堪與不滿**。反而要更積極想，如果被認為是怪獸家長，也會帶給對方「這個人要是不好好應付會很麻煩」的緊張感。

而且話說回來，家長與學校之間的關係僅限於孩子就學期間，畢業之後幾乎就沒任何交集了吧。「但是，要是被學校或老師討厭，應該會出現許多不利狀況吧？」或許有人會有這層擔憂。當然，老師也是人，這樣的心理是可以理解的，但不管家長的態度如何，學校都不被允許對學生有差別待遇。

所以，如果孩子受到不當對待，就收集證據向學校抗議就好了。六年或三年一眨眼就過去了。會這樣說是因為我自己就是如此，或許有點極端吧。

怎樣解釋自己身邊的人際關係，哪段人際關係才重要全憑當事者自己判斷，但只**要在心裡做好「要是被那個人討厭，會對自己造成怎樣的損失」、「此時該怎麼應對」這類準備，就不需要過度顧慮那些讓你感到煩躁的人了**。

別被捲入他人的價值觀、評價基準當中

「你是我朋友耶，幫一下啦」、「你是晚輩耶，乖乖聽話好不好」、「看在我們是同鄉的份上嘛」，這種想要拗你免費幫忙的人，根本完全沒有來往的價值。

當然，如果你曾欠對方人情那沒話說，但既然需要別人的協助，不給任何酬勞就想讓人免費幫忙，這是非常失禮的態度。如果是正常的人，至少會說「只有微薄謝禮真的很不好意思」、「我買了伴手禮來給你」、「那我幫你做這個」、「下次讓我請你喝一杯」，絕對不會讓人白做工。

另外，也有人會哀嘆被人輕視、被人看不起，但**就算被他人騎在頭上或被瞧不起，這都不會降低你的能力與人品**。那個人單純只是個不瞧不起誰就沒辦法活下去、心理有毛病的人而已。那是那個人本身的問題，根本沒有必要把別人的問題當成自己的問題。

問題在於你如何看待自己，有些人會在被人瞧不起後覺得自己比不上對方。這正

會讓你活在他人的評價基準中，千萬要避免這種情況。

所以，如果你感到憤怒就要反駁。「你那個想法太令人感到遺憾了」、「你的語彙少到讓我想笑耶」。如果覺得麻煩就用「是喔，這樣喔～」不理會對方並遠離他。如果對方進一步散布誹謗你的話語，那就去報警，並提起民事訴訟要求對方支付賠償金。

大人的武器就是「法律」

就像這樣，為了「堅定說出必須主張的事情」，我特別注意學習法律。**如果有法律知識，當發生糾紛時，就可以毫不畏懼地做出主張，談判時態度也能更強勢。**

舉例來說，如果是事業主，可能會受到其他同業公司的騷擾，或是被利用或威脅以拿到更有利的條件，可能會被捲入各種壓力與糾紛當中，也可能會與員工之間發生糾紛。因此會希望避免自己輸給對方或在不知情中做出違法行為。

但是，只要有法律知識，就能知道該怎麼做準備，也知道該怎麼應對；只要知道法律程序，就能豪不畏懼與之對戰。在鄰居糾紛及買東西等日常生活中發生的問題上，也能有所應對，讓自己不會處於不利狀況。

例如沒訂購商品卻收到詐騙包裹或偽造帳單詐欺時，只要知道這些都沒有法源根據，就能避免自己太害怕而付款的狀況。也能避免鄰居家的樹枝跑到自家範圍內，擅自剪掉而被告的事情。只要知道鑑賞期，就能取消對自己不利的購物。只要知道有行政訴訟法，就可以顛覆不合理的行政處分。

所以**不只是工作及日常生活中需要的法律，只要感覺與自己相關，就算無法深入也要努力廣泛理解**。我曾經拿出《保育所保育指南》和幼兒園爭論過，也掌握了《防止霸凌對策推進法》的概要，要是有個萬一，我就能用這個武器來保護自己。

只要有法律知識，就能避開各種風險也能加以應對。只要風險減少，就能過上更加舒適的生活。我知道大人有學習法律的理由，所以只要找到空檔就會閱讀法律書籍。

24 別再煩惱「在職場中被孤立」

無法放下的人　對成為邊緣人感到痛苦。

順利放下的人　專注在做出成果上，自己創造容身之處。

在公司中要專注在做出成果上

雖然不知道身邊的人是怎麼想的，但我在職場上有容易被孤立的傾向。這是因為我很不習慣和同事一起吃午餐，或是加班時一起吃晚餐，別人邀我時也常常被我拒絕。我很怕生，吃飯時找不到話題就會感到痛苦，自己一個人吃飯比較輕鬆。

當時我沒有意識到，但現在回想起來，感覺是我自己表現出孤立的態度，散發出孤立的氛圍。我想，應該也有和我一樣在職場上被孤立或感到格格不入的人，但根本沒有必要為此煩惱，或是因為被排擠而感到痛苦。

因為**公司是工作的場所，在此被要求的是在工作上做出成果來**。只要不是自己主動擾亂職場和諧，或與同事關係緊張，就算不太和別人往來，只要能在工作上做出成果，就能被公司認可。

在公司裡，只要保留公事上必要的對話就就夠了。思考「該怎樣才能讓職場人際關係變好」、「午餐時間獨自吃飯很痛苦」或「該怎樣才能融入小圈子」只會讓你更痛苦而已，別去在乎這些。

比起這些，在職場上就該全心投入在做出成果來。**工作表現好的人能得到周遭一定程度的評價，就能在此感受到自己的容身之處，也能減輕孤立感**。而不合群、不好約、不太會講話這類個性，也會變成「他就是那樣的人啦」的評斷，他人也會認同這就是你的個性。

所以別把焦點放在「職場人際關係」上，而是要放在「工作成果」上。

不讓自己變「冷淡」的言行舉止

但是，不可以表現出不悅的態度。如果散發出「別靠近我的氛圍」立刻會給人難以相處的印象，如此一來也難在工作上做出成果。要是被其他人覺得「那傢伙試圖排擠其他人」、「總覺得一直被他警戒著」就虧大了。你的言行舉止要讓人覺得「那傢伙只是內向安靜而已」。

舉例來說，要意識著**「笑著打招呼，回應也要有精神」**，要是有人找你說話，你要暫時停下手邊的工作，揚起嘴角笑著應對。我自己從以前就常被旁人覺得安靜不說話時很恐怖，皺眉時會更加給人我心情不好的印象，所以我特別注意在人前盡可能保持笑容（雖然不是隨時都能辦到）。

其次，雖然是老生常談了，就是「要感謝身邊的人」。更具體說明，就是要**把「謝謝」當成口頭禪**。

除去其實是挖苦的情況，別人對你說「謝謝」，應該沒有人會感到不開心吧。就算不到讓對方產生好感的程度，至少也給人認為你是「會體貼別人的好人」的印象。如此一來，當你自己孤單一人或在團體中一個人呆站著時，旁人關心你、向你搭話的可能性也會變高。

你是否也曾有過這種經驗呢？當你看到常常關心別人的人看起來好像很落寞時，是不是會很在意對方怎麼了而想開口問問呢？**人類的一個特性是無法漠視總是對周遭表現感謝之情的人。**所以，越容易感到孤獨或被孤立的人，越要有意識地感謝身邊的人。

25 別再「無法脫離小團體」

無法放下的人　累積不滿，被無關緊要的人際關係擺布。

順利放下的人　行使「選擇權」，與重要的人共度時光。

可以自由選擇人際關係與小團體

許多人明明有想要脫離的小團體、想要離開的組織、想要斷絕的關係，卻因為無法辦到而煩惱。舉例來說，像是對媽媽友、自治會、家人、親戚等人際關係，嘆息著「無法脫離團體」、「不能主動退出」、「不得不持續下去」、「不得不吞下對方的要求」。

但是，沒有人規定誰一定得要隸屬於哪個組織，也沒有人規定加入之後就無法退出，更沒有人規定「不得不〇〇」。這些全都只是自己擅自這樣想而已。

成年且經濟獨立的社會人，本來就可以自由選擇職業、居所、想要來往的人和所屬的團體。

成年之後，如果你不想要住在鄉下，那就可以搬到城市去住。想要去什麼學校上課是你的自由，不想上了也是你的自由，想換工作也是你的自由。只要不犯罪，沒有什麼東西能束縛自己，而且說到底，別人根本沒有權力限制你的行動（如果對方強行這麼做就會違反刑事法的「強制罪」，會變成刑事處罰的對象）。

舉例來說，有人表示「我想要脫離媽媽友的團體，但是離不開」。團體原本是與自己意志相投、頻率很合而自然而然要好起來的人組成的，這樣一群人聚在一起的團體肯定很開心。但是，**只是孩子念同一間學校的同一個年級，沒有必要忍受討厭的感覺與媽媽友混在一起吧。**

要是脫離了，自己的孩子就會被欺負？可能無法得到寶貴的資訊？或許有人會有這樣的擔憂，但孩子有他們自己的人際關係，這與父母間合不合得來沒有關聯。如果對方父母對孩子說「不可以和那個人玩」，你只要對自己的孩子說：「這是媽媽之間的問題，不是你們之間的問題。所以你們可以不用理會父母，開心一起玩就好了。你也和朋友這樣說說看？」

關於資訊方面，如果與學校有關的事詢問班導師就好了，而且很多資訊也能在網路留言板上找到，只能在這個團體中才能得到的特殊資訊應該不多吧。

朋友關係也是如此，如果覺得對方老是向你抱怨讓你感到很煩，或是對方無理取鬧的發言讓你感到不爽，那與對方保持距離就好了。而且話說回來，**讓你感到不開心的人真的可以算是朋友嗎**？這反而比較需要質疑吧。

想要辭職卻辭不掉是真的嗎？

有人會說「公司主管不讓我辭職」，但即使公司有開除員工的權限，也沒有不允許自己想辭職的人辭職的權限。只要把辭呈和健康保險證放在主管桌上，隔天開始不到公司上班就好了，手機也把公司或主管來電設為拒接就好。或者是可以委託最近很流行的代理辭職服務[5]。

之所以無法直言想「辭職」，是因為有「不想看到對方否定的反應」、「要是我現在離開，可能會造成其他同事的困擾」、「會不會被留下來的人在背後說三道四啊」、「會不會被認為我很不負責任」等的恐懼吧。

這大概是所有想要脫離團體或組織卻無法真的離開的人的共同恐懼。也就是說，就算自己被逼到走投無路或心生不滿，也還是有強烈「想當個好人」的願望。但這只不過是自己心中「他們是不是這樣想我啊」這毫無根據的妄想而已。

實際上，就算在這種場面當個好人，其他人也不會為你做些什麼，更不會感謝你。而且，就算在辭職之後被說三道四，那也已經與你無關，只是留下來的人的事而已。所以不用管那些人怎麼想你，對你沒好處也沒壞處，他們已經是與你完全不相干的陌生人了。

擔心「要是我離開了會給別人帶來麻煩」也是幻想。你離開之後，那份工作就會由其他人接手。**「自己離開後會讓工作無法順利進行」只是當事者本人的自大而已。**

而且說起來，如果自己真的是如此重要的存在，根本不可能遭受心生辭意的對待。正因為被認為「無所謂」，才會給你無所謂的待遇、環境與狀況，所以你才會想辭職吧。

把自己珍貴的時間獻給冷落自己的公司只是浪費生命。世上還有很多能讓你更開心、更愉快的公司讓你去選擇。不可以在成年之後還放棄「選擇的權利」。

❺ 譯註：代理辭職的日文為「退職代行」，顧名思義就是委託他人幫忙向公司提出辭職與辦理辭職手續。

26 別再「偽單親家事育兒一手包辦」

無法放下的人　全部一肩扛起而疲憊不堪。

順利放下的人　家人攜手合作，善用各種服務，一起幸福生活。

就算是家人，事情不說出口別人就無法懂

近年，專職主婦的家庭逐漸減少，雙薪家庭逐漸增加。我想這股潮流在今後會持續下去，將來有天雙薪會變成主流。因此最近常聽見的，就是妻子抱怨「明明是雙薪家庭，丈夫卻不願意幫忙做家事、帶小孩，我好累喔」的煩惱。

實際上，根據厚生勞動省「消費生活之固定樣本調查」顯示，女性的幸福度為依序為「沒有孩子的家庭主婦」、「沒有孩子的職業婦女」、「有孩子的家庭主婦」、「有孩子的職業婦女」。這凸顯出家事與育兒工作偏向由妻子負擔的現實。

但如果無法支持伴侶做想做的事，那就沒有身為家人的存在價值。我反而認為，實現妻子的期望、支持妻子在社會上生氣勃勃地工作，是丈夫的義務。

妻子不是傭人，也不是保母。丈夫閃閃發亮，妻子也閃閃發亮，孩子同樣閃閃發亮。**為了讓所有家人都能散發光芒，彼此互相尊重、互相認同、互相幫忙才是家人啊。**如果並非如此，那單純只是室友，根本沒有在一起的意義吧，不如暫時先解散還比較好。但表示「那不可能啦」的夫妻肯定是壓倒性的多，所以首先要把自己的意見說出口。

有人會說「明明是家人卻一點也不懂我」，但你不說出口就不會有人懂你，因為對方沒有超能力啊。

最理想的狀況，就是在進入育兒期之前，像準備懷孕前、剛確定懷孕時，或討論生二寶、三寶時，彼此確認家事與育兒工作要如何分擔。不過，即使在當時已互相確認，仍有許多家庭面臨丈夫常加班很晚回家、妻子只能單打獨鬥，或者是「就算說了還是不願意做」的狀況。

「爸爸養成」的方法

也有妻子打從一開始就放棄的例子，「我自己來還比較快」、「老公都隨便做做」、「懶得說了」、「連說服他的力氣也沒了」。如果是這樣，就更**需要訓練丈夫成為爸爸，也就是需要「爸爸養成」**。

首先可以**從小而具體的工作開始拜託起**。例如「你在三片尿布上寫名字之後放進背包裡」、「今天要丟可燃垃圾，我把垃圾放在玄關，你等一下出門時順便拿出去丟喔」等，拜託丈夫做些連小學生也懂的簡單工作，然後逐步累積。

到了一項工作可以做得不錯的時候，就可以再拜託下一項工作，逐漸拓展丈夫能做的事。之後也可以製作家事育兒分工表，貼在冰箱門上。

最重要的是，別生氣、別抱怨也別批評。別說「你為什麼不幫忙啦！」「我就說了不是這樣啊！」「為什麼事情老是做一半！」「這點小事能辦到的吧！」「別讓我一件事說那麼多次啦！」等責備對方的話。

每件事都批評，丈夫會覺得「什麼嘛，難得我都幫忙了耶」、「如果不高興，那一開始就自己做就好了啊」，而感到無法接受吧。

雖然是家人，用字遣詞也很重要。**不是「命令」或「抱怨」，而是用「拜託」的態度來請對方幫忙**。例如「如果你可以幫我摺衣服的話，就幫了我大忙了」之類的。

然後，**別一開始就要求對方做到與自己相同品質**。衣服沒有摺平整或摺得很隨便，要告訴自己不可能一開始就做到完美，不要因為對方沒做得像自己一樣好就覺得很煩燥。就算會感到煩躁，也要去慢慢訓練。

我理解丈夫每天很忙難有空閒時間，也能理解妻子會有「要這樣教他也太麻煩了吧」、「我自己做還比較實際」等情緒。但是，如果不同時進行「爸爸養成」，妻子遲早有一天會累垮。

考慮使用保母、家事服務

如果丈夫還是不願意做家事，或是丈夫太忙實際上根本辦不到，就可以考慮對外委託，也就是利用保母、家事服務。如此一來，家事育兒與工作就能兼顧了。雖然需要多花錢，但育兒最辛苦的就是孩子上小學前的那幾年，要想開只有這段時間而已。

我認識的女性編輯在生完第二個小孩後曾表示「自己的薪水幾乎全部奉獻給家事服務和保母費了」，但她可以不中斷職涯兼顧工作與家庭，在育兒上可以鬆口氣時，已經升上總編了，年收也因此超過一千萬日圓。我家也是，在小孩還沒辦法上幼兒園時，光保母費一個月就要支出二十萬日圓以上，現在也仍持續利用家事服務。我們的想法單純只是**「與其把時間花在家事上，把時間放在工作上應該能賺更多」**。

家事服務除了打掃、洗衣等家事外，還有提供準備一週份餐點的服務。這樣就可以省下工作回家後還要買菜、煮飯的功夫，而且也比外食或超市的熟食健康。

保母也有提供到幼兒園接小孩的服務，這在需要加班時也讓人放心。回家後也一樣，就算只有一小時，如果保母可以帶孩子到公園走走，也能讓媽媽稍微放鬆一下。幼兒園放假的週末或國定假日，若能託給保母看一下也能讓心情稍微從容一點。如果利用由地方政府主辦的家庭支援服務，費用比專職的保母便宜。

不過不少人會抗拒陌生人進到自己家裡，但每次都是同一個人上門，也會逐漸熟識得像媽媽友「雖然是有距離的外人，但意外地什麼都能輕鬆聊」的關係。「不想讓媽媽友來我家」的人應該不多，所以就只是單純的習慣問題。

似乎也有人對把孩子交給保母有罪惡感，但這在國外是很常見的，需要丟開那種成見。如果把孩子交給保母是壞事，那把孩子交給幼兒園也會變成壞事了。但這並不會阻礙孩子的成長啊。

如果要用這些理由不委託外人，那就別對丈夫不做家事、不帶小孩抱怨不滿。因為你自己排除了最好的選項，如果還抱怨就很沒道理，只是單純耍任性，說得更重點就是「也太自說自話了吧」。

是請外人來家裡讓你能從家事工作中解脫好，還是繼續懷抱不滿被家事育兒追著跑好，到底哪一個對家人才是最好的呢？

育兒最需要的就是「父母情緒上的安定」

此時，丈夫可能會用「這樣很花錢」的理由來反對，但丈夫反對委託外人的言論幾乎全部是毫無根據的。像是「這是妻子該做的工作」、「妳這樣根本沒資格當妻子」、「這是我們該自己做的事」、「太浪費錢了」，這些都只是他本人的固執想法或成見。

話說回來，**委託外人是「用金錢購買時間與勞力」的合理行為**，可以「得到與家人相處的時間及從容」，這對家庭安定是很重要的事情。或許因為如此，不只我之前任職的外商顧問公司，許多任職外商企業的人都有使用家事服務與保母這兩種服務，這在普遍雙薪的國外與東京市中心是很尋常的事情。

而且，**對年幼期孩子成長最重要的事情，就是「父母情緒上的安定」**，孩子健全的精神，要靠父母健全的心來培養。

如果母親忙碌毫不從容，就無法有耐心好好面對孩子吧，孩子也會敏銳感受到父母情緒不穩定，因此多有顧慮讓自己的情緒也跟著不穩定。如此一來，可能有無法培養出自我肯定感而出現依附障礙的風險。所以**為了讓母親可以給孩子足夠的愛，如果丈夫不願意幫忙，那就委託外人吧**。

復職才能擴展職涯的可能性與機會

如果重視產後職涯，我認為就算遭到丈夫與丈夫家人反對，也要在產假、育嬰假之後回到職場上比較好。有些人會趁生小孩時辭職，但只要中斷職涯暫離社會後，想要再回到職場上會有一定的困難，也有大幅降低生涯收入的風險。

以厚生勞動省「薪資結構基本統計調查」為基礎計算，女性正式員工生涯收入約一．五億日圓，除以四十年後年收約三百七十萬日圓。時薪一千日圓的兼職一天工作六小時，年收約一百五十萬日圓。將其差距兩百萬日圓乘上四十年後，會計算出八千八百萬日圓的差距。**一個不小心生涯收入或許會少一億日圓呢。**

不只在金錢方面，如果繼續工作就會像前面提到的編輯一樣，也有更多機會拓展自己的職涯與能力。而且，與孩子一起待在狹小世界中，會讓自己的視野變狹隘，無法得到充實感。還是要出去工作與社會接觸，才能認知自己的存在價值。

養小孩固然重要，但**母親也有自己的人生**。孩子總有一天會離開父母身邊，而母親在那之後還有人生要過。就算犧牲自己也要為孩子奉獻，這是多數父母本能的欲望，這確實也是種喜悅，但如果你因此感覺到「自己犧牲了」，那就表示有哪裡出錯了。

另外，正如前面所述，或許有人對把孩子送到幼兒園有罪惡感，但幼兒園也有很大的好處。

孩子在幼兒園裡和許多小朋友相處可以培養社會性，比和母親獨處能受到更豐富的詞彙洗禮。幼兒園有聽老師讀繪本、運動及體態律動等課程，還有由營養師調配，比父母煮的更營養均衡的午餐。老師也會教導孩子自己換衣服、上廁所等訓練孩子獨立。雖然可能感染各種病毒而發燒，但也因此可以得到免疫力。

而且白天與孩子分開，父母在心情上可以比較從容，晚上就能給予孩子滿滿的愛。「三歲前由母親照顧比較好」只是種迷信，完全沒有任何科學根據。

如果沒申請上幼兒園，或不確定是否能兼顧家事育兒時，可以如前面所述的委託他人。就算需要花錢，**從長遠眼光來看，當個正式員工繼續工作更有正面效益**。

如果母親才三十多歲，職業生涯還有一半以上，為了幾年的育兒時間而放棄漫長的職業生涯也太可惜了（孩子到了小學高年級之後，比起父母也會以朋友為優先啊）。所以我的立場是，如果妻子想要工作，我希望她務必去工作比較好。

Chapter 6

金錢

27 別再堅持「儲蓄絕對主義」

無法放下的人　沒辦法把錢花在重要的事情上。
順利放下的人　可以把錢花在刀口上。

為什麼需要有儲蓄呢？

似乎有許多人煩惱「我沒什麼儲蓄」、「怎樣都沒辦法存錢」，網路上「三十歲前存到○○萬日圓的方法」、「平均儲蓄金額○○日圓！」等專欄文章似乎也很受歡迎。似乎**日本人都有「不能沒有儲蓄」、「儲蓄很重要」等儲蓄絕對主義這類的思想。**

「不知道會發生什麼意外，得要有一定的準備啊」這句話當然一點都沒有錯。將來也可能再度發生像新型冠狀病毒，因為居家禁令而沒了工作或收入減少的狀況。這類**「準備生活費」的儲蓄，大約設定為一年左右沒有工作也能衣食無缺的程**

度就夠了。

比這更重要的是，「到底為什麼需要存錢？」這個儲蓄目的，以及「那麼為了達到目的，需要多少儲蓄呢？」的具體金額。決定目的與金額後，推薦的方法則是「強制儲蓄」。如果把用剩的錢轉為儲蓄，就很難存到錢，但從一開始就先把想儲蓄的金額抽出來，就能自動儲蓄了。

舉例來說，如果公司有「財形儲蓄制度」❻，就會扣除部分月薪轉為儲蓄，不管怎樣都有辦法存到錢。或者利用儲蓄型保險或年金保線，透過保險的提撥也有強制力。但是，這些都是用作購屋基金、養老基金等長期資金，有想使用時不能立即使用的缺點。

而最方便的，是網路銀行的「定額轉帳服務」，利用這個可以在薪水匯入帳戶的同時，定額轉帳到其他戶頭中，可以強制存下讓你可以隨時提用的存款。

❻譯註：財形儲蓄制度是一種日本企業替員工儲蓄的制度，亦即企業會將員工的部分薪水轉入特定儲蓄帳戶中。

你是否購買了無謂的東西呢？

沒辦法存錢的人，其實有把錢花在無謂事物上的傾向。週末到購物商場去，就可以看見許多顧客提著紙袋，但我總是滿頭疑問，真的有那麼多東西可以買嗎？

以我自己為例，衣物都穿到有破洞為止，一年花在衣物上的錢幾乎為零。襪子會一次買十雙一樣的，就算一雙有破洞也可以再利用。破舊的T恤冬天只要多套幾件就沒問題（這或許有點極端啦……）。

去百元商店也會看見許多顧客，你是否買了如果問你「這真的需要嗎？」「現在需要嗎？」會讓你回答「沒有其實也無所謂啦」的東西呢？環顧一下家裡，如果有很多你已經好幾年都沒有用過的東西，那正是買了許多破銅爛鐵的證據。

如果你認真想要儲蓄，那買東西時就要限制自己只買**「沒有這東西絕對會很傷腦筋」**、**「不買這個就會出現實際損失」**的東西。如此一來，你就會發現真的該買的東西其實不多。

只要下功夫就能存到錢

接下來，也需要在買東西的方法上下功夫。舉例來說，很多人會到家電量販店買東西，但就算有折扣或有點數回饋，幾乎所有電器產品都是在網路上買會比較便宜。另外，只要活用集點網站或自動加值、QR code 付款、折價券等方法，就可以拿到點數回饋，實際上又優惠更多。

或者像手套、圍巾或泳衣等季節性商品，只要在今年特賣時買明年要用的，就可以用超低價格購入。小孩子的衣服也是，因為很快就穿不下了，到二手衣物店一件一百日圓左右就能買到。除此之外，利用「Jimoty」這類的媒合網站，就可以在你居住的地方找到超便宜或幾乎免費但必要的東西。

手機也是，如果不是工作上會充分使用智慧型手機的重度使用者，那用便宜智慧型手機就夠了。過去智慧型手機只有 iPhone，而且只有一家電信公司，但之後有許多廠牌都推出智慧型手機，還有超便宜的電信業者進入市場，所以我就換成便宜的手機和電信方案了。

一換之下，原本夫妻兩支手機一個月要花兩萬五千日圓左右的手機費，現在就算有三支也減少到九千日圓左右了（一支是外出時安撫小孩吵鬧時使用的平板，以手機分享網路以節省行動數據費用）。也可以依自己的手機使用習慣（是否常通話等）來選擇合適的電信公司，現在我已經換第三家了。

總之智慧型手機大概是會用一輩子的東西，就算一個月只少支出一萬五千日圓，用人生剩下四十年來計算，也高達七百二十萬日圓。不僅如此，我還解約了室內電話，這部分的費用也能再省下來。

我家沒電視，所以也不用繳ＮＨＫ收視費，沒訂報紙也不花報費。ＮＨＫ收視費加報費一個月大約五千多日圓，一年可省下六萬日圓以上。家裡的電費也從東京電力公司換成新興電力零售公司，一個月大約可省下一千日圓。

就像這樣，只要在網路上搜尋，就能找到非常多可減少成本、省下更多錢的方法。接下來就是和「好麻煩」的想法對戰了。

28 別再煩惱「老後不安」

無法放下的人　因為茫然的不安而焦慮。
順利放下的人　做好對策、準備好替代方案，過上充實的人生。

找出「老後不安」的原因

大概許多人都有「老後不安」的感覺吧，但如果只有這樣也太過籠統，所以需要具體找出是對老後的什麼事情感到不安。像是對健康的不安、對經濟的不安、對居所的不安，單身者可能有對孤獨的不安等。

不過，會說出「雖然我有十億日圓，但我還是對老後不安」的人應該不多，最大的原因果然還是「對經濟的不安」吧。假設有「對健康的不安」，只要有錢就能住進豪華的照護中心，可以得到健康的飲食與適當的醫療照護，對老後可能發生的不安也會變得微乎其微。

會感到不安，還是歸咎於「看不到」、「無法預測」。年金給付年齡提高，年金給付額減少，當自己迎接老年時應該很難只靠年金生活，但也不清楚到底會有多少錢。雖然這樣說，現在的自己也沒能力存下大筆存款。可能會在儲蓄少少的狀況中步入老年，如果是這樣，自己真的能生活嗎……。

為了**消除這些不安，就要準備多個「詳細對策」與「應急計畫」**（替代方案）。詳細對策就是稍微嚴格計算「預測年金給付額」、「自己的生活成本」、「可能實現的儲蓄額」、「退休後的預測收入」，接著做好在這個範圍內可以生活的計畫。

首先是「預測年金給付額」，如果是上班族，給付額約為工作時薪水的五〇％左右，所以可以得到的年金大概是現在薪水的一半。

「自己的生活成本」概算一下就能知道，但花費應該不會比在工作時多。

「可能實現的儲蓄額」是計算你每個月大概可以存多少錢，持續到六十五歲時的總金額。

「退休後的預測收入」是假設你去打工，大概會有多少收入（因為不確定是否能再找到其他正式工作，所以打工應該比較實際）。

除此之外，以下介紹幾個大家可以做好準備的事情。

必須加入社會保險

首先是年金。雖然將來給付金可能會減少，但總之有筆**「可以領到死的錢」可以讓人多點安心。**

特別是上班族很幸運，因為社會保險為勞資雙方各半，公司得負擔從你薪水中扣除額相同的金額，等於可以收到兩倍的恩惠。**如果夫妻一起當正式員工到退休，就算給付額減少，只要不要太奢侈，應該不至於會到為錢苦惱的地步吧。**

自營業者就加入國民年金。只不過國民年金現在也只有每月六萬日圓，這讓人太不安了。可以另外加入國民年金基金、附加年金、退休福利制度、小規模企業共濟等，增加老後可以領取的年金是最確實的方法。另外，主婦與一般上班族也可以加入退休福利制度，如果有多餘閒錢也能考慮。

這樣仍然感到不安的人，如果還有經濟餘力，再加上民間的確定給付型保險（儲蓄型的人壽保險或個人年金保險）也不錯。確定給付型保險的缺點在於，將來若是遇到通貨膨脹，金錢價值會減少，但支付保費期間能節稅，能確實收到一定金額也讓人安心。

購買自己的房子

如果一輩子租屋生活，就得從年金抽出一部分來支付房租，可以預測住在都市應該會很辛苦。因此，如果你退休後也想要住在都市，那就要趁還在工作時買房子。只要規劃在退休的同時能付完貸款，就能減少老後的居住成本。**就算沒有錢，總之不愁沒地方住也讓人多一份安心。**

雖然有人說「房貸是負債」，但只要當成是預付老後的居住費用，用不壓迫家計的金額買房子也是個方法。辦理房貸通常要加入團體信用生命保險，這也能當成人壽保險使用，如此一來便能省下花在民間公司人壽保險的錢。

如果房子位於便利性極佳的地點，將來能賣也能出租，利用以房養老制度（以自己的房子抵押貸款，過世後，金融機構把房子賣掉回收資金的制度）的可能性也極高，可以增加你老後的選項。

只不過，如果是買公寓就會變得有點複雜，一般來說，修繕基金會慢慢變貴，即使還完貸款，每個月應該還要花上不小花費支付管理費與修繕基金。不僅如此，遇到大規模修繕時還可能會被單次徵收一筆錢。有些老舊公寓可能在重建時面臨協調卡關的問題，也要多注意。

另外，在退休後搬到鄉下或地方城市也是個方法。那邊由於房子多，因此房租便宜，將來車子應該能實現完全自動駕駛，也能使用網路購物，除去定期到醫院看病或需要照護的狀況，應該也沒什麼不便。

無關乎退休年齡，退休後也繼續工作

隨著平均壽命提高，健康年齡也跟著增加，現在六十五歲已不算高齡者，而是「還只是中年」的狀態，因此不需以公司的退休制度來決定自己的人生。人是可以一直工作下去的，與公司的退休年齡無關。

擁有「與社會有交集」、「被他人需要」、「能幫上別人」、「能自己賺錢」等自尊心，這是想要過上充實人生最重要的事情。而且工作讓生活有重心，可減少生病的風險，也能減少老後的醫療負擔。

如果預測「老後會找不到工作」，就從現在起把自己鍛鍊成「就算六十五歲也有人會僱用的人才」。只要磨練專業領域能力，將來也可以「經營顧問」的身分擔任公司外董事或顧問。例如事業戰略、擴大通路、生產品管、進軍海外市場、風險管理及治理等專業領域的顧問，與當事者的年齡無關，且到哪都有需求。

或者從事隨時都能創業的副業。自己創業後就一輩子都有工作，也就沒有退休或重新找工作的問題了。

創造不靠自己勞動的收入來源

在此提及的副收入並非副業，而是股票配息收入、不動產投資的房租收入、其他金融商品的利息收入等，也就是所謂的「被動收入」。

為什麼需要這些，是因為只能靠存款的生活會充滿恐懼，不管有多少錢，只要看見存摺餘額逐月減少都會讓自己感到沮喪。另外，就算現在很健康，遲早會面臨無法工作的那天到來。有可能是生病，也可能是沒力氣繼續工作下去。所以，盡量獲得不靠自己勞動的收入來源是最理想的狀態。這也是我投資不動產出租與太陽能發電的理由。

建立不花錢的生活模式

還在工作時，就要將固定花費減到最低，並且習慣這件事。

衣服和鞋子選擇品質好的並好好保養就能穿很久，手機應該也不需要用到最新、高性能的機種吧。正如前面提到，手機通訊費和電費都可能減少。就算住公寓，也可以在陽台種菜。在陽台架設太陽光電板發電的話，還可以幫手機充電。

但這並非表示要你過摳門的生活，而是要讓你能在「真正重要的事情」、「能讓自己變革、成長的事情」、「能對家族繁榮及幸福有貢獻的事情」上大膽用錢，減少固定支出、提高可支配所得的意思。

29 別再煩惱「沒有錢」

無法放下的人 限縮自己將來的可能性。
順利放下的人 投資自己，得到巨大的回報。

如果才二十多歲，不需要脫離貧困

雖然說希望大家能不為錢煩惱，但這件事因當事人年紀不同，可以採取的方法也不同，也會因剩下的時間與身處的環境而不同。接下來要對「想要脫離貧困」的人，介紹各種年齡層的對策。

如果在二十多歲感覺貧困，那該怎樣脫離才好呢？我的答案是「不需要脫離貧困」。

二十多歲的人大多在公司裡都還是基層，收入當然少。如果還要從少少收入擠出儲蓄金，很可能過著只有上班和下班、令人淚流滿面的拮据生活。**不惜放棄只有在二十多歲才能獲得的各種不同經驗而努力節省存錢，只會限縮自己將來的可能性**。

但這並不是說你可以亂花錢。請試著懷疑，說「我沒錢」的人，或許只是被眼前「想要買那個」、「也想要這個」的欲望耍得團團轉而已。像新手機及衣服等，因為趕流行、因為很帥氣、因為很可愛、因為很便宜等，有必要**懷疑許多支出是否只是為了滿足自己或虛榮而已呢**？也不需要替朋友捧場買人壽保險。結婚有小孩的人另當別論，但單身的人就算死掉，也不會有太多人因你過世而陷入經濟貧困。

二十多歲的人別錙銖必較地存錢，而是要把錢用在投資自己的未來。這是因為越**早投資自己，能回收的時間也越長，而回收的財產（不僅是金錢，還有人脈、智慧等）也更多**。

我認為有三件事能拓展人類的廣度，那就是「閱讀、交友、旅行」。所以要閱讀大量書籍拓展視野、認識許多不同的人增長見識、踏上未知的土地增廣見聞。

二十多歲的自我投資是一種特權，因為職業生涯還有很長的時間。就像是玩「勇者鬥惡龍」，光靠打倒史萊姆獲得的金幣是無法前進的。為了打倒更強大的敵人，就要買武器、尋找同伴、把賺來的金幣拿去投資，而這相當耗時。

人生也是如此吧。想要建起萬丈高樓，就得要向下深鑿建好地基，而二十多歲就是建造地基的時期。所以，**為了要建好自己的地基，把賺來的錢拿來投資正好**。

當然，**透過跳槽來提升薪水也是個選項**。但考慮轉職時，不是像學生時代那樣，以受歡迎、受關注的企業，或以薪水高的公司為目標，而要選擇**「能不能給自己成長的機會」**。思考「自己以成為怎樣的人才為目標，為此需要怎樣的經驗，以及為此要做哪種工作最合適」。

收入這東西將來多得是機會挽回，因為來日方長，所以首先要處於可以訓練自己的環境。總之，二十多歲就算存款為零也無所謂，你該將賭注壓在自己的未來上。

三十多歲要試著懷疑「理所當然」

超過三十歲會因為結婚、生小孩等，諸多生活變化與重大事件而有許多支出，這個時期的儲蓄少也是無可奈何。但是，你需要試著去懷疑自己認為「理所當然」的事情。

舉例來說，結婚喜宴或蜜月旅行真的必要嗎？這真的是該花錢的事情嗎？總之只先登記也行，只舉辦邀請家人的婚禮，喜宴等到日後有餘力再辦也可以，因為現在也不像以前是難請長假，或國外旅費高騰的時代了。

養小孩一定要花很多錢嗎？舉例來說，只要上徵求網站，就可以找到許多針對孕婦及嬰幼兒舉辦的贈品活動，多少可以補貼一點。小孩子的衣服也沒必要買名牌，甚至可以買二手的。一定要花錢讓孩子學才藝嗎？別只是因為父母的理想而讓孩子學這個又學那個，父母應該協助孩子找到熱衷的事情，找到後就盡全力支持，應該是如此吧。

今後，雙薪家庭會變成主流，就算生小孩也要盡早回歸職場，為了換得雙薪這個安定性，丈夫應該也要幫忙做家事、帶小孩。像這樣，夫妻一起討論生活與花費的基礎，攜手合作設計生活，想要脫離貧困應該不難。

越感覺沒有錢而不滿的家庭，對彼此的花費越漠不關心，其實是因為夫妻之間缺乏對話。**只要好好對話，分享彼此的想法以及家庭的方向，就算沒有錢也能過著滿意的生活。**

另外，觀察我身邊的商務人士，有許多人是從二十五歲到三十五歲開始嶄露頭角。因此，我認為在**三十五歲前要盡可能拓展自我投資的範圍**，就算儲蓄少也不需要太在意。

只不過單身者容易因為可以自由花錢，而對花費的限制過於寬鬆，有把錢花在興趣上、亂買東西，或以獎勵自己為藉口大花一筆的傾向，所以需要注意自己的花費是否只是為了紓壓而已。

30 別再煩惱「教育費太貴」

無法放下的人　養出只會等他人指示的孩子。
順利放下的人　養出不替他鋪好路，也會自己思考的孩子。

四十多歲要注意「教育費貧窮」

雖然到退休還有一段時間，但到了這個年紀看見儲蓄還是零，或許會有危機感吧。但這個年齡層除了房貸外，是小孩教育費特別花錢的時期，某種程度上來說，存款少也只能說是無可奈何。

只不過要注意，**你是否為了勉強讓孩子念私立學校、補習班、學才藝，而出現「教育費貧窮」的狀況呢？**

基本上要尊重孩子「想做」的意志，父母別替孩子鋪好人生軌道才能培養孩子自己思考的能力。如果只是要孩子聽父母的話，強迫孩子接受父母的觀念，最後只會養出停止思考、只會等待指示的人。

想讓孩子念大學，但不太能負擔費用時，只要讓孩子申請獎學金[7]去念大學或專科學校，就能減輕父母的負擔。而且這對孩子也有教育效果，教導孩子「這是借款，所以有償還義務」，或是「你要是什麼也沒想，懶懶散散度過學生時代，之後要還款就會很辛苦喔」，孩子可能會因此認真思考畢業後的出路與發展方向，升學後的生活方式或許也因此產生改變。

接著應該逐漸不需要替孩子操心，**如果妻子是家庭主婦，可以二次就業**。四十多歲還能找到全職正式員工的工作，只要成為正式員工，原則上就能工作到六十五歲，且因為能參加厚生年金[8]，退休後年金的給付金額也會變高。如果現在沒什麼錢，這

[7] 譯註：日本的獎學金分為不需歸還與需要歸還兩種。不需歸還的獎學金數量極少，一般聽到獎學金都會解釋為需要歸還的獎學金，相當於台灣的學貸。

[8] 譯註：厚生年金類似台灣的勞保，只要長期受僱於企業，企業就有義務幫員工投保。

可說是個不可欠缺的選項吧。

另外，也可以透過轉職諮商所了解一下，如果六十五歲之後還想繼續工作，什麼樣的人才是企業所需要的。接著立定自我投資計畫以成為那樣的人才為目標，從現在起提升自己的知識、技能與經驗。當然，由於人工智慧與機器人技術的進步，未來的職業需求不斷在變化，但到退休還有一段時間，若還不規劃對策絕對是有勇無謀的行為。

五十多歲是儲蓄退休後資金之時

到了五十多歲還很窮到底該怎麼辦呢？退休年齡近在眼前，或許是不安逐漸變大的時期吧。

過了五十五歲，孩子大概也都獨立，應該不需要教育費等與孩子相關的支出了，是**儲蓄退休後資金的時刻**。人壽保險之類的保額不需要太大，這可以重新檢視。如果妻子外出去兼職有兩份收入的話，儲蓄速度也會變快。

只不過，過了五十歲之後想要提升薪水，難度可能相當高，聽說有些企業還會緩步減薪。那麼，該怎樣確保收入與儲蓄呢？其中一個最有力的可能手段就是投資不動產，特別是公寓套房幾乎可以貸款到總額，就算手頭資金少也能開始投資。

當然到了這個年紀，還款年限變短，每月還款金額也會變多，還在工作時手頭就幾乎一點不剩（或是多少能剩一點），不過只要設定在退休的同時還款完畢，還完貸款之後，每個月就會多出五萬到八萬日圓的副收入。

要怎樣規劃貸款因人而異，但只要有三間這類房產，一個月就能有大約二十萬日圓的收入，可以補貼一點年金不足的部分。就算沒有足夠的儲蓄，有每個月都能固定入帳的房租收入，就能多一份安心。

如果是住獨棟房子的人，此時差不多到了該認真大翻修的時間了。如果房子位於車站附近等絕佳地點，同時符合建築法規標準，可以把孩子獨立離家後空出的房間改建成套房出租，就可以有房租收入。修繕住宅的貸款容易借，順便改建成無障礙空間也能獲得地方政府的補助。

另外，有些人比較早，此時可能已經開始繼承父母的財產了。雖然需要經過家人討論、同意，繼承父母的房子也是個方法。不只自己的父母，還有配偶父母的房子可以繼承，退休後賣掉自己的家住妻子那邊，或是反過來也行。如果父母健在，一起住可以照護父母也會比較放心吧。

或許有人對繼承財產一事抱持「烏鴉嘴」的厭惡感，但遲早要面臨遺產繼承的問題，趁父母還健在時確認父母的財產，是避免兄弟姊妹爭遺產的必要行動。要是父母失智之後才處理，法律上的手續會變得更加麻煩，也可能導致手足間的糾紛。

這是我個人的意見，我反對在五十歲之後投資股票。儲蓄本來就不多了，若股票跌了可能不夠時間弭平虧損。為了不讓退休後的生活規劃亂了套，我認為選擇本金不會有太大變動的手段比較好。

最後講一個全憑運氣不怎麼值得期待的方法，就是可以盡量參加同學會，維持以前的人際往來。在你做了許多準備，但退休後還是找不到工作時，或許過去的朋友會問你：「如果你很閒，要不要來我這工作啊？」

過了六十五歲之後，大概很難透過民間的人力仲介公司或政府的就業中心找到工作。這種時候最有效的就是利用人脈來找工作，不只同學會，重新連繫以前的客戶等過往認識的人，再次建立交流或許也不錯。

六十歲之後還很窮該怎麼辦？

幾年後就要退休了，收入卻不停減少，不僅如此，照護父母也要花錢，在這種時候還很窮的人到底該怎麼辦才好？首先要**確認自己的年金給付額**，以這為基礎重新規劃自己的生活吧。

如果確定年金不夠生活，那就要留意健康，讓自己退休後能盡量持續打工維持生計，延後請領年金的時間。越晚請領年金，年金的給付額會越高，這可以減低在老年經濟方面的風險。撰寫此書的當下，如果是從七十歲起請領年金，給付金額比從六十五歲開始請領多了四成。

如果你單身，那也不需要特別選擇居住地點，可以選擇提供住宿的打工。只要搜尋就業網站，就可以找到提供宿舍的工作，其中也有免住宿費、免水電費或包餐的工作，如此一來就能大幅改善家計。有自己房子的人還可以把房子出租來補貼生活費。

另外，你擁有的技術中，或許有新興國家所需要的技術。也可以試著報名國際協力機構（JICA）銀髮族海外志工的招募。雖然只限定兩年或一年時間，但不僅可以活用你自己的技術，也能賺取生活費。

或者可以回到鄉下生活。特別是在人口外移嚴重的地方政府，有提供住房、工作介紹、房租補貼等優渥待遇的地方。在這種鄉下地方生活的成本很低，而且鄰居們也有分享農作物的習慣，只要靠國民年金和打工就可以過上最基本的生活。

這些地區工作少，幾乎找不到行政等內勤工作，或許主要會是農業等勞動身體的工作。但據說接觸之後會發現務農意外有趣，默默工作揮灑汗水，收成作物，這對長期處於城市喧囂的人來說相當新鮮。

只不過，其中也有不接納外人的排他地區，也聽說過有人受到漠視、誹謗中傷、不能使用垃圾場等案例。所以需要特別注意，向地方政府的承辦人好好確認，或是完全移居之前可以先去試住看看。

也有人移居到泰國或菲律賓等物價便宜的國家。我過去曾在菲律賓的宿霧住過，那裡的理髮店剪頭髮只要兩百日圓，名為「吉普尼」（Jeepney）的巴士一次只要十到三十日圓。在當地一個月只需要一萬日圓就可以聘到家事助理，也可以用英文溝通。這樣的話用年金也足以生活。或許有人會在意語言問題及文化差異，但住久了就習慣了，船到橋頭自然直。特別是東南亞國家都是親日國家，對日本人來說很適合居住。

以上，我向大家介紹了許多選項，當然這些並非全部，也無法適用在所有人身上。因為每個人的個性、嗜好、家人是否同意等條件因人而異。**最重要的是要找出不安的要因，準備好A計畫、B計畫、C計畫等方案來解除不安。這應該能幫助你緩和對於老後的不安吧。**

Chapter 7

挫折

31 別再拘泥「夢想、目標」

無法放下的人 因為執著而動彈不得。
順利放下的人 沒有執著，可以過得自由舒適。

夢想、目標也會變成煩惱的原因

煩惱，可能是從上進心中誕生，也可能是從執著中誕生。尤其是**執著容易變成「得這樣做才行」、「非得這樣不可」**的想法而讓人苦惱。

舉例來說，對「不可以怠惰」、「不可以放棄」、「不可以討厭別人」、「人生本來就是痛苦的」、「世界不全然是美好的」、「不可以這種程度就滿足」這類成見或自我信念的執著，有時能夠鼓舞自己，但有時也會變成束縛自己的枷鎖。

「夢想」、「目標」與執著是一體兩面，「想要通過司法考試」是一種執著，「不考上頂尖大學就沒有意義」、「非得當上醫生繼承父母的衣缽才行」這也是種執著。能**讓你湧出幹勁、上進心及努力的執著，當然是多多益善；會讓你產生煩惱或動彈不得的執著，丟掉比較好。**

只要沒有執著，就能用「結果就是這樣，這也沒辦法」、「這樣也沒關係啦」的平靜心情接受現狀。這並非自暴自棄或輕言放棄的意思，而是某種「寬容」。

舉例來說，執著「無論如何都要念東京大學」，沒考上的話就會因此沮喪。但只要想著「去念考上的學校就好了」，就能揮別挫折與自卑感，開心享受校園生活。

執著「得進優良企業工作才行」，就會因為遲遲找不到工作的焦急與不安而影響自信，但只要想著「首先從需要自己的地方開始做起吧」就能擴展選項，光是找到工作都能因此感到開心。

執著「年收只有三百萬日圓無法結婚」，搞不好可能一輩子單身，但只要想著「如果夫妻可以一起工作，或許也沒那麼傷腦筋吧？」或許也能對結婚積極點了。

前面曾經提到，如果有「政治人物就該清廉潔白」的執著，看到外遇等緋聞報導時就會感到憤怒。但政治人物的能力和他的私生活是兩回事，只要寬容看待「外遇頂多是當事者之間的問題」，也就不會憤怒了。接著只要有「政治人物外遇和國民幸福沒有任何關係，政治人物只要看他的政治能力就好了」這類自己的判斷基準，也能去評量政治人物提出的政見及實現程度了。

對人際關係感到煩惱，也是因為有「非得當個好人才行」、「不可以被討厭」、「人際關係得要處理得圓滑才行」這類執著。

所以首先，放下自己執著的事情，簡單來說就是「夢想」、「目標」、「理想」、「堅持」等事情，這也是讓你從煩惱中解脫的一種方法。

沒有夢想及目標，才能自由開心生活

現在的我沒有夢想也沒有目標，更沒有「男人（丈夫、父親）非得這樣才行」這類的成見。有人委託工作時認真去做，其他時間就做些自己感到開心、舒適的事情。

不被夢想或目標束縛反而能變得自由，因為做什麼都行，不做什麼也行。當然，我不否定擁有夢想與目標，因為有人因此成功，也有人因此得到幸福。擁有目標的好處在於能明確看見「該做的事情」、「該達成的事情」、「努力的方向」。

運動方面能以自己的紀錄或競爭學校為目標，考試能以偏差值[9]或志願學校為目標，工作能以業績數字為目標，可以清楚看見該朝哪條路前進，而這能進一步提升自己的鬥志。達到一個目標時能獲得成就感與充實感，也能產生「只要努力就能辦到」的自信。

最好的例子就是參加奧運的運動選手，從幼年期就以在世界級大賽中得到前八名的成績為目標，將大半人生奉獻給練習。所以，有夢想與目標的人，只要朝著夢想與目標去努力就好。

[9] 譯註：偏差值是以考試總體人數與成績統計換算，五十為平均水準，數值越高表示越能進入好的大學，一流大學需在七十左右。

另一方面，**就算沒有夢想與目標也能活下去，也足以抓住幸福**。正因為什麼都沒有，才能自由自在，每天都能開心生活。

會這樣說，是因為沒有夢想與目標，就沒有「為了實現夢想或目標，我得做這件事情才行」的義務感，**可以忠於「只做令自己開心、雀躍、想做的事情」的本能與欲望活著**。

當然也因為我是自營業者，我可以選擇這樣的生活方式。即使如此，根據調查，就算是上班族，別有太鋒芒畢露的野心，每天平淡地完成工作的人，比較能長期在同一個職場中工作。

這是我的推測，或許正因為沒有身為上班族的「夢想」或「目標」，所以也不會有「沒能達成」、「沒能完成」這類挫折感。或者也不會忌妒同事升遷，可以守住自己的步調。

這也沒有什麼好壞，只要覺得「這樣也很好」、「有各種不同的生活方式也很棒」，心情應該也能變得輕鬆多了吧。

重視直覺順其自然

或許有人會擔心「但那樣不就只是單純隨波逐流了嗎？」我過去也曾這樣認為，但到了過四十五歲的這個年齡後發現，順其自然隨波逐流有著**「抵達一個出乎意料外有趣的小島」**的好處。

雖然「以一個島嶼為目標」拼命划槳也很好，但不與浪潮和海風對抗，開心享受航程後漂流到一個完全陌生的小島，發現那邊超乎想像的舒適，就像這種感覺吧。

假設孩提時代高揭「我要當醫生」的目標，就需要就讀偏差值高的高中，大學也得考上醫學系。入學之後要以通過醫師的國家考試為目標，也得在大學附屬醫院等地方累積實習經驗。當上醫生之後，不僅有臨床工作，也得閱讀世界的醫學論文，研究最新的醫療。不論選擇要當受僱醫師還是自行開業，醫師的工作都必須付出相當大的努力，而且得持續一輩子。

也就是說，這種人很清楚自己的目的地是哪裡，而且早有許多人先抵達，有許多榜樣可參考。也是有這種過一生的方法，看起來像是個「完全能看見未來會如何」、「全在預測範圍內沒有冒險」的人生。

另一方面，如果沒有這類的目標設定，就會**偶然發現「自己不認識的自己」**。重複提及自己的例子很不好意思，我學生時代以考上公認會計師為目標，但現在從事投資、創業、寫作等完全不同的工作。

我會開始投資不動產，是因為受到《富爸爸，窮爸爸》的影響。會創業是因為在不動產投資中認識的朋友邀我「要不要一起創業」。自己創立不動產仲介公司也是受到某位大富翁的邀約。會開始寫書，是因為出版社的編輯看了我用筆名所寫的電子報，來問我要不要出書。我現在也主辦培育創業家的學校，這也是因為妻子和她的朋友約我一起的。

就像這樣，雖然我中途有「想要成為公認會計師」、「想要去外資顧問公司工作」、「想要創業」、「想要創造被動收入」等目標，但認識新的朋友、受到朋友邀約等，我覺得我是在**一連串意外的偶然中走到今天**。十多歲、二十多歲、三十多歲時的自己，應該無法想像現在會過這種生活吧。

只不過當下我也不是什麼都沒想就做出選擇，我覺得我似乎是用直覺選擇「那感覺很有趣」的選項。

如果以是否有好處、有利或不利、正確或錯誤這類的標準來做選擇，就會因為看不見未來而讓人迷惘。例如在選擇要進哪家公司工作時，先前若是曾實習過就另當別論，不實際進去工作也不知道內部狀況啊。

但是，**如果以喜歡或討厭、有沒有感覺、來不來勁、是否感到雀躍等標準來選擇，之後應該可做出自己能接受且滿意的判斷。**當然也會有失敗的情況，但「來勁」時僅僅只是嘗試錯誤的過程而已，既不會受傷也不會受挫。

我認為**人生沒有正確或錯誤，只有「開心的生活方式」與「並非如此的生活方式」**。所以為了能開心生活，只要用自己的直覺選擇感覺可以樂在其中的選項就好了。我領悟到這點是在近四十歲時，所以覺得「四十而不惑」真的說得太精妙了。

「活著的意義」不是別人給的，而要自己找出來

「反正我這種人活著也沒有意義」、「人生真的有意義嗎」、「我根本沒有活著的價值」、「我命中注定不管做什麼都不會順利」，有些人會為此煩惱。

但是可以試著思考一下：**如果知道自己是為了什麼活著，那會有什麼改變嗎？如果知道人生的意義，那又會有什麼改變嗎？**

其實就算知道了，也只是讓心情舒爽些。說老實話，那幾乎只是不知道「自己到底想做什麼」的不安與悶悶不樂的無可奈何而已。

人生本身根本沒有固定的意義或價值，也並非一出生就自動決定了什麼意義，這不過只是自己如何解釋的認知問題而已。**自己誕生的意義或是人生的意義，這並非他人給予的，而是要自己去尋找。**

這不是什麼都不做、打從一開始就決定的東西，也不是煩惱後就能找到答案的東西。而是在行動、努力後做出結果，之後回頭看會覺得「大概是有這樣的意義吧」

的東西。那不是哪個人給予的東西，只是自己如此解釋而已。而這個意義也會隨著經驗與年齡產生改變。

也就是說，在自己還沒有太多行動的階段，人生沒有意義也不需要為其加上意義。思考意義這件事本身毫無意義，比起這個，更重要的是找到讓自己可以投入的事情。**只要有能熱衷的事情，就沒有閒功夫為了這種事情煩惱了。**

踏上尋找自我旅程的人也有類似狀況，**自己是什麼樣的人，必須在自我實現的過程中才能看見自己的「適性」與「資質」**。因此，在經驗值尚淺的階段去尋找自我，沒辦法找到任何東西。在有過各種經驗之後，出現「真好」、「我不喜歡這個耶」、「好開心」、「好感動」的情緒，才會逐漸發現自己是有什麼志向或信念的人。

也就是說，「自我」應該是透過成長過程的經驗構築起，接著用自己的方法去理解的東西吧。

32 別再「無法放棄」

無法放下的人　找不到能發揮自己適性的方式。
順利放下的人　能發現自己適性的工作方式、生活方式。

就算放棄了，人生也不會在此結束

當遇到想要放棄之時、感覺快要挫折之時該怎麼辦呢？此時可以振奮自己繼續努力，也可以乾乾脆脆地放棄。

許多人煩惱的原因就是「不可以放棄」、「只要放棄了，比賽就結束了」、「持續下去才會成為力量」等「不放棄才是善，放棄是惡」、「懦弱的人才會放棄」的價值觀。

不願放棄、持續纏鬥確實相當令人尊敬，但並非所有人都能如此。大概是因為描述不願放棄、努力到最後得到成功的電影、漫畫、連續劇不管在哪個時代都很感動人心而受歡迎吧。把自己辦不到的事情投射在作品主角身上，我們也因此深受感動。

而且，放棄確實讓人不甘心。不僅是對放棄產生的罪惡感，還要承認自己無能、意志軟弱，並痛切理解到自己輸了的事實。

但是，放棄真的是這麼罪惡的事情嗎？我有時甚至會覺得這是個先入為主的錯誤觀念。因為其實**我們都是在放棄中找到自己適性的職業與生活方式**。

舉例來說，就算孩提時代崇拜職業棒球選手或職業足球選手而努力練習，也會因為無法成為正式球員，或是第一場比賽就輸球，而隱約發現自己沒有天分。接著就會放棄這條路，尋找其他出路。

如果是能參加全國大賽的選手，高中會選擇進入體育強校就讀，大學也會透過體育保送繼續在這條路上精進吧。但也有人看見擁有卓越天分的同學，在即將畢業時領悟到自己的極限後，而開始找工作。像這樣，無法成為職業選手的人，幾乎都是在中途發現自己沒有天分，或是接觸了運動以外的職業，決定改變原來的目標。

樂觀放棄可能會更幸福

不放棄而成就大業的人當然非常多，因為實際上「為了獲得什麼，要持續不懈才管用」的情況確實不少。另一方面，也有放棄後選擇其他路而成就大業的人。我想大家應該常聽到退出演藝圈後創業成功，或是轉職後開花結果的例子。

這件事沒有何者更優秀、何者才正確，兩者都是令人尊敬的選項，都是寶貴的生活方式。這是因為，**如果不放棄是絕對的善，那極可能會創造出新的悲劇。**

舉例來說，好幾次挑戰被譽為難關的司法考試或公認會計師考試，沒辦法考上還不肯放棄，那還要繼續考幾年？一回過神發現已經超過四十歲，因為不曾工作過，所以沒有相關的經驗與技能。沒有實務經驗者在市場上的價值幾乎為零，這該怎麼往上爬呢？

據說世界上有超過三萬種職業，要是能早點摸索其他出路，或許能有完全不同的人生啊。如此思考後，就知道有時放棄反而能更幸福。

也就是說，我認為「放棄」是為了讓當事者別拘泥於不適合自己、無法發揮自己才華的事而浪費人生，或是讓當事者察覺「你的適性不在這上面」，所以放棄似乎也是種理性的機制。

正因為放棄了才看見自己的適性

回顧過去，我也是在放棄許多事情的過程中尋找自己的適性。

中學時，我曾經是排球隊隊長，且是王牌主攻手，因此以進入縣內首屈一指的排球強校為目標。但我們學校是萬年第一場比賽必輸的學校，我也只是在這些成員中看起來打得好而已。在強校可能連先發球員也當不上，這樣還要花一小時以上通學也太不划算了。

而且沒有學長壓力也更輕鬆，所以我早早放棄排球，進入新學校當第一屆學生。所以我的高中生活過得相當開心，現在還會偶爾和當時的同學去喝酒聚會。

前面也提過我大學時放棄當公認會計師的事情，但我考上美國公認會計師。不過我從未以美國公認會計師的身分工作過，連證書都不知道丟哪去了，因為我感覺自己不適合被證照束縛的工作。

我也放棄學好英文。學生時代很喜歡英文，但出社會後開始覺得痛苦。而且說起來，不僅運用英文的工作不多，學習英文的時間毫無收入，也讓人無法湧出幹勁。於是決定「不要繼續唸英文了」、「日文就很夠用了」、「必要時聘用口譯員就好了」，然後把有著厚厚灰塵的教材和書全部丟了。就這樣消除了我長年以來的英文自卑感。

我創業設立不動產公司時，當時以股票上市為目標而奔波，但我疲於管理員工而挫折，現在是一人公司。多虧有這些經驗，我知道了「自己不適合管理別人」，也得知了有「撰寫文章」這個讓我可以發揮自己能力的領域。

就這樣，我認為**自己就是因為放棄了許多事情，才找到讓自己認同的生活方式**。

設定「放棄的判斷基準」

透過自己這樣的經驗，我明白了一件事情。那就是**當站在該不該放棄的十字路口**

時，只要有判斷基準就不會猶豫不決。我自己有三個基準，分別為「做這件事開不開心」、「能不能讓自己有自由的生活」、「能不能賺錢」，如果不符合這些基準，我就會判斷「可以放棄」。

第一個「做這件事開不開心」頗重要，如果「要做這件事本身就很痛苦」、「光想到就覺得憂鬱」，那就只是種苦行。當然，如果是二十多歲，這或許是必要的鍛鍊，但如果已來到人生中間階段，我就會認為「不開心就沒有意義」。

第二個「能不能讓自己有自由的生活」是我個人的基準，因為我現在以自由為最優先。因此就算有再大的機會，只要會損害到我的自由，我就不會選擇。之所以不擴大公司規模、不拓展專案的範圍也是為了自由。

最後一個「能不能賺錢」也是動力的根源，但就算會賺錢，我也不想做得不開心或時間被綁住，所以優先順序是排第三。

33 別再煩惱「無法重新振作」

無法放下的人　不知道到底該怎麼做。
順利放下的人　內省後，找回自己。

人生不會因為一次的挫折或絕望而定終生

絕望代表「視野變狹隘」，視野一旦變狹隘就會看不見選項，不知道該如何是好，因此會感到「沒救了」而讓自己更加絕望。但是人類的存在並沒有單純到只因為一次的挫折或絕望就定下終生。

舉例來說，有藝人在童星的七歲、八歲階段達到人氣頂點，但在之後就沒落了；也有街友創業後還讓公司股票上市的案例；有人即使創造了華麗的職業生涯，卻在退休後因為車禍過世；如同諾貝爾獎得獎者的平均年齡為六、七十歲，也有到了晚年才終於獲得認可的例子。

就像這樣，幾乎所有人的人生都是起起伏伏，不到閉上眼睛迎接死亡的那一刻，都不會知道發生在自己身上事情的意義，以及自己的判斷是否正確。也就是說，**不到死前那一刻，無法判斷自己到底幸福還是不幸福。**

但在遭遇悲慘境遇時，會看不見「人生起起伏伏」這件事。因此，**如果你感覺「我好絕望，已經無法振作了」，那就暫時給自己一段躲起來什麼事也不做的時間。**要待在自己的公寓裡也行，要回老家也可以，或者搬到鄉下去也好。當你失敗受挫受傷時，就躲起來慢慢恢復能量。

也要和社交網站等東西保持距離，也別看電視。把人際關係歸零，完全阻斷與社會的所有連結。不只身體上的傷，心理上的傷也需要時間復原，想要從變得狹隘的視野中解放，就需要一段與外界隔離的時間。

可以去公園散散步、到森林或沿著河川走走，不安排任何行程，在這過程中回顧過去、反省自己，重新找回自我。

就算辭職躲在家裡，就算變成孤獨一人還是能活下去。水電費一萬五千日圓、手機費五千日圓、餐費五萬日圓，如果搬到鄉下去房租只要一萬日圓。衣物到二手衣物店去只要幾百日圓就能買到，童裝只要一件一百日圓左右。

這樣計算後，只要月收八萬日圓、年收一百萬日圓左右就能生活，那只要打工稍微工作一下就好。以時薪一千日圓、一個月工作二十天來計算，一天工作四小時就大約有年收一百萬日圓，如果一天工作八小時，那一個月只要工作十天就好。

只要花時間，每個人都有辦法重新振作起來。人生有九十年，把這時間當成療養期就好了。

該怎樣才能跨越失戀之苦？

失去金錢只要工作再賺就好。如果債務已經到無可負荷的狀況，那申請個人破產就能從中解脫。在公司裡出現什麼失敗，寫寫悔過書或是被減薪也就解決了。就算被開除，那再找下一份工作就好。考試失敗只要重考就好。被誰背叛時，只要告上法院就好。

就算因為各種逆境與挫折受傷，如同前面提到的，只要躲起來一陣子就能解決，但失戀是種很難跨越的傷痛。

戀愛情緒難以控制，也不是能輕易看開的東西。實際上，甚至有人因為失戀的打擊而住院，就是如此讓人傷心。尤其與「這是我第一次如此喜歡一個人」或「我只想要和這個人結婚」的情人分手會特別痛苦。

我年輕時也曾因失戀而借酒澆愁，沒有食慾也沒有力氣工作，過著消瘦、茫然自失的生活。「我喜歡她喜歡到除了她無法想像其他人了，接下來到底是要我怎麼辦啊」、「不可能再出現超越她的異性了，我應該沒有未來了吧」，因為這樣的絕望感與悲傷，什麼事情也做不了。

就我的經驗，介紹大家幾個跨越傷痛的方法。

第一個，**將對方完全從自己的視線中消除**。有交集只會讓自己難過而已，所以要把所有與對方有關的東西刪除。簡訊對話和電話號碼完全刪除，也要重新創建自己的社群帳號。如果是公事相關的人，那就主動換工作。如果繼續住在同一個地方，就算是稀鬆平常的景色也會讓你回想起共處的生活，所以搬到完全陌生的地方住吧。

利用這些方法，讓自己完全看不到任何會勾起與對方之間回憶的人、事、物。

接下來是完全相反的方法，**不停回想過去，徹底品嘗這份悲傷，把悲傷用盡**可以讓受傷的心早日康復。難過久了就會習慣，回想多了也會膩。

有人會藉著埋首工作來遺忘，如果根本無法工作，建議可以用憂鬱症等精神疾病當理由留職停薪。一個月的薪水就把它丟掉了吧。接著躲在房間裡，回憶以往快樂的回憶，盡情哭泣。

聽說淚水中含有緩和壓力的物質，流淚也有排出因壓力產生的有害物質的效果。所以讓自己盡情哭泣吧。不要用喝酒或購物來掩飾這份難過，而是去看有分手情節的電影，增加自己悲傷的情緒，讓自己好好哭一場。

接下來是**向外吐露失意情緒**。可以向朋友訴苦，但對方可能沒有那麼多空閒，有些事情也很難說出口，或許有些情緒也沒辦法簡單化作言語。所以推薦大家可以創建一個**「匿名部落格」**，在上面發洩悲傷情緒，寫下你的反省、後悔或對下一段戀愛的決心等，把湧上心頭的所有情緒全部吐露出來。把無法化作言語的情緒寫成文字的過程，也有助於整理情緒。

或者可以寫封**「不寄出的信」**給分手對象。寫下道歉、感謝及要給對方好看的心情等，反正不會寄出去給對方，那就別欺瞞自己，老實寫下來吧。**別把心情累積在心裡，利用這些方法全部發洩出來。**

最後，雖然很理所當然，就是**尋找新的邂逅**。用交友軟體或是婚戀軟體都好，總之要朝著新的戀情跨出一步。不管受了多重的傷，只要和別的異性對話、傳訊或約會，就能讓心情好一點。只不過女性別輕易與對方發生關係。在尚未發展成戀愛的階段，就算有肉體關係也沒辦法得到心靈滿足。

要相信不管有多麼消沉，傷口總有一天會癒合，時間可以解決一切。千萬別「自暴自棄」，如果放棄思考逃避現實，那只會讓自己後悔。接著就這樣讓時間流逝，過去的記憶會漸漸轉淡，悲傷也會逐漸減輕。人類的記憶和情緒相當不可思議，那般令人痛苦悲傷的別離，也會變成一段單純的回憶。

34 別再讓「心情因為發生的事情大喜或大憂」

無法放下的人　人生會在失意中結束。
順利放下的人　在人生下半場迎接高峰，實現理想的生活。

利用「峰終定律」思考人生

你知道「峰終定律」（Peak-End Rule）嗎？這是由二〇〇二年的諾貝爾經濟學獎得主，心理學家、行為經濟學家康納曼（Daniel Kahneman）所提倡的理論，他認為「高峰期」和「結束時」的經驗，會大幅左右我們對一件事的印象。

也就是說，我們並非完全公平地評價經驗或發生的事情，而是透過偏差的評價來感覺「幸福」或「不幸」。這也常發生在人事考核上，就算在上半年度做出很棒的成果，如果下半年度捅婁子，上司會受到近期事件的影響而給出比較低的評價，這類事情應該不罕見吧。

舉例來說，我國中時擔任排球隊隊長，在校內馬拉松大賽也拿到冠軍，每年被選為代表選手參加國中全運會，主要都在運動方面活躍。而在國中最後的春天，我順利考上第一志願的高中。「在運動上活躍」的高峰期與「考上志願高中」的結尾，讓我在心中給出「還算不錯的國中時代」的評價。

如先前所述，我高中過得很開心，雖然沒考上第一志願，但也是考上東京的大學，高中最後實現了可以到東京生活的願望，所以我也認為自己的高中時代很不錯。

另一方面，說起我的大學時代，因為有對課程的無趣感到失望、過著半工半讀的貧窮生活、公認會計師考試失敗等負面「高峰」，加上「在沒找到工作的情況下畢業」的「結束」，讓我給出「不是個好的大學時代」的評價。

當然，每個時期的過程中都曾經歷好的經驗與壞的經驗，但人會受到高峰與結束時經驗的影響而決定整個時期的印象。畢竟還有句諺語叫做「結果好，一切都好」

啊（雖然這樣說，前述大學時代的經驗現在也變成「就是因為有那段過去，才有現在的我」的正面評價了）。

把這些代入人生中，或許可說在人生後半段，如果能讓自己在工作上或興趣上達到高峰，得到「還挺不錯的人生」這種幸福感與滿足感的可能性就會提高。反過來說，不管年輕時達成怎樣的豐功偉業，只要晚節不保就可能變成一個失意的人生。也就是說，**就算中途發生許多事情，只要能在後半段達到正向的高峰，盡可能維持那個狀態迎接好的結束，曾感到不幸的過去也會因此改變評價**。

因此，在平均壽命大約九十歲的現代，我認為在人生的後半段，也就是從四十歲或四十五歲之後慢慢往上爬，在六十歲到七十歲左右達到高峰，應該是種理想的生存之道吧。要是太早迎接高峰可能會變成虎頭蛇尾的人生，如果太晚則可能因為年紀大的關係，能活躍的時間變得很短。

當然，每個人都有自己的想法，想要靠過去的豐功偉業活下去也可以。舉例來說，企業經營者只要在被講成「老不死」前，帶著「讓公司起死回生的有能經營者」

的評價退休，就能在周遭的讚賞下過完人生最後這段時間。

只不過，上班族確實有許多人會在四十多歲或五十多歲迎接人生高峰，但也有許多人在那之後突然下墜，屆齡退休也不見得會是美好的結束。所以似乎需要於在職中創業或培養其他興趣，盡量讓曲線緩慢下降。

這麼思考後，會覺得在四十五歲前有迂迴曲折的經驗也不錯，有低迷的時期也沒有關係。在迷惘中挑戰各種工作，認識許多不同的人，累積各式各樣的經驗。在這個過程中提升智慧與技能，也能建立人脈。這些可以成為在人生後半大放光彩的基礎。

接著，**比起「工作或公司會變成怎樣」，你更該擁有「自己想要怎麼活著」、「對自己的人生有怎樣的構想」這類大局觀，然後為了實現這些目標，專注在現在該做的事情上。**

如此一來，不覺得過去的煩惱以及現在的煩惱，其實是相當微不足道的事情嗎？不覺得根本沒有閒功夫為了這種小事猶豫不決嗎？

結語　成長就是「心變得強大」

本書內容可總結成以下幾點：

- 將煩惱可視化，轉變為具體的課題後並加以應對。
- 察覺毫無根據的「就該這麼做」是種成見，並捨棄它。
- 別依賴他人，要擁有強烈自我負責的意識。
- 對自己的感覺變得敏銳，順從自己的心聲。
- 賦予不好的事情全新的意義，將其當成能讓自己變得更好的機會。

這些大多都是心理層面的工作，所以我認為，**人類的成長應該就是「心變得強大」**吧。

舉例來說，運動競技上有人會被壓力擊敗而沒能好好表現，不管多有才華，只要心靈脆弱就沒辦法加以發揮。相反地，有些人則能在緊要關頭發揮實力，只要心靈強健，在困難的局面中反而能發揮出驚人的力量。而且只要心夠強健，不管失敗幾次都能重新站起來，也不會過度在意他人目光，可以從容地擴展視野。

幸福的人生，就是充滿舒適、安心、快樂、喜悅等愉悅經驗的人生，而心靈的發展，就是讓自己擁有能獲得這些經驗與感覺的力量。因此，就必須獲得控制在不愉快經驗中感受到不愉快情緒的力量。而關於該如何控制其中的「煩惱」情緒，如果本書可以稍微派上一點用場就是我的榮幸。

最後，請讓我向大家介紹我最喜歡的一句美國印第安人的話：「當你出生時，你哭著來到這世界，世界笑著歡迎你。人生的目的就是：當你去世時，你笑著離開這世界，世界哭著送別你。」

為了擁有這種人生，雖然變成小小的宣傳，但我想，拙作《可以善良，但你要有底線不當好人》、《劃出善良底線，好相處，更能獨處》、《好習慣，害死你》應該可以多少幫上一點忙，希望大家可以翻閱看看。

國家圖書館出版品預行編目(CIP)資料

活出你的不煩人生：讓心變強大的煩惱清理術 / 午堂登紀雄著；林于楟譯 . -- 初版 . -- 臺北市：遠流出版事業股份有限公司，2022.01
面；　公分

ISBN　978-957-32-9369-9 (平裝)
1. 修身 2. 生活指導

192.1　　110018806

活出你的不煩人生：讓心變強大的煩惱清理術

作　　者——午堂登紀雄
翻　　譯——林于楟
主　　編——周明怡
封面設計——Ancy Pi
排　　版——平衡點設計

發 行 人——王榮文
出版發行——遠流出版事業股份有限公司
104005 台北市中山北路一段 11 號 13 樓
郵政劃撥／0189456-1
電話／02-2571-0297．傳真／02-2571-0197
著作權顧問——蕭雄淋律師

2022 年 1 月 1 日　初版一刷
售價新台幣 350 元（缺頁或破損的書，請寄回更換）

YLib 遠流博識網　http://www.ylib.com　e-mail:ylib@ylib.com